Susanne Fetzer · Von Herzen vergnügt

Susanne Fetzer

Von Herzen vergnügt

Neue pfiffige Ideen für die Seniorenarbeit

Mit zusätzlichem Download-Material

neukirchener
aussaat

FSC
www.fsc.org
MIX
Papier aus verantwortungsvollen Quellen
FSC® C006701

Dieses Buch wurde auf FSC®-zertifiziertem Papier gedruckt.
FSC (Forest Stewardship Council®) ist eine nichtstaatliche,
gemeinnützige Organisation, die sich für eine ökologische und
sozialverantwortliche Nutzung der Wälder unserer Erde einsetzt.

Hinweis:
Das Kopieren von Rätselvorlagen und Zeichnungen für Gemeindeveranstaltungen ist gestattet.

Bibliografische Information der Deutschen Nationalbibliothek

Die Deutsche Nationalbibliothek verzeichnet diese Publikation in der Deutschen Nationalbibliografie; detaillierte bibliografische Daten sind im Internet über http://dnb.d-nb.de abrufbar.

Umschlaggestaltung: Andreas Sonnhüter, Düsseldorf,
unter Verwendung zweier Bilder von © talymel/iStockphoto.com
und © gradyreese/iStockphoto.com
Lektorat: Nadine Weihe, Hille
DTP: Breklumer Print-Service, Breklum
Verwendete Schriften: Optima
Gesamtherstellung: CPI – Ebner & Spiegel, Ulm
Printed in Germany
ISBN 978-3-7615-6072-3 (Print)
ISBN 978-3-7615-6073-0 (E-Book)

www.neukirchener-verlage.de

Inhalt

* auch ganz ohne Vorbereitung zum Vorlesen geeignet

Bedeutung der Symbole:

Zum Downloaden

Zum Vorlesen

Schriftliches Rätsel, jeweils zu zweit oder dritt spielbar

Download-Material im Überblick

Kopiervorlagen

Schlager-Liebeslieder-Rätsel
„Der große Preis" – Mütter, Väter, Kinder
Welche Nationalhymne gehört zu welchem Land?
Rezepte-Rätsel
Bierwerbung
Essen und Trinken – Worte der Bibel „hebräisch" gelesen
Der fehlerhafte Stundenplan in Sütterlin
Der fehlerhafte Stundenplan in Schulschrift
Biblisches Rechnen
„Der große Preis" – Fische, Fische, Fische
Grand Prix der Tiermusik
Mit Volksliedern unterwegs
Wetterphänomene – ganz bildlich betrachtet
Fußballersprüche
Weihnachten in aller Welt

Powerpoint-Präsentationen

„Wer bin ich?" – Dalliklick mit Politikern
Nationalhymnen in Wort und Ton
Europa von oben – bei jedem Wetter
Wetterphänomene – ganz bildlich betrachtet
Fernsehquiz
Dalliklick-Autorätsel
Weihnachten in aller Welt

Das Download-Material ist im Internet kostenfrei erhältlich unter http://neukirchener-verlage.de/programm/downloadsok/156.072/
Der dort einzugebende Code lautet: Z63REW7M

Eine Anleitung zum Downloaden finden Sie auf S. 13.

Vorwort

Das wichtigste Reisegepäck ist und bleibt ein frohes Herz.
Hermann Löns

Wir sind alle unterwegs auf der Reise durch unser Leben. Es gibt einfache und unbeschwerliche Abschnitte. Es gibt aber auch Strecken, die Mühe machen.

Viele ältere Menschen bringen ihr eigenes „Gepäck" in den Seniorenkreis mit. Und manchem ist es „schwer ums Herz". Wie gut tut da ein fröhlicher Nachmittag, bei dem es auch etwas zum Lachen gibt! Und als Christen haben wir jeden Grund dazu!

In diesem Buch finden Sie eine große Sammlung von Ideen für vergnügliche Nachmittage. Viele Spiele sind ganz ohne Vorbereitung zum Vorlesen im Seniorenkreis geeignet, bei anderen Spielen müssen lediglich Vorlagen kopiert oder Powerpoint-Präsentationen heruntergeladen sowie ein Laptop und ein Beamer aufgebaut werden.

Ratespiele machen vielen Menschen großen Spaß und sie schaffen Erfolgserlebnisse. Wählen Sie die Rätsel deshalb so aus, dass sie nicht zu leicht und nicht zu schwer für Ihre Gruppe sind. Geben Sie Raum für Gespräche. Wie schön, wenn der eine oder andere dann entdeckt, welch großer Reichtum an Wissen und Erfahrungen in seinem Leben steckt!

Und – wer weiß – vielleicht stellen Sie dann beim Verabschieden erstaunt fest, dass so mancher „von Herzen vergnügt" nach Hause geht …
Susanne Fetzer

Downloaden und Präsentieren

Downloaden

Immer wenn Sie dieses Zeichen im Buch sehen, gibt es für Sie ausgearbeitete Kopiervorlagen oder komplette Powerpoint-Präsentationen zum Downloaden.

So kommen Sie in den Download-Bereich:
Öffnen Sie auf Ihrem Rechner Ihr Internetprogramm. Geben Sie http://neukirchener-verlage.de/programm/downloadsok/156.072/ in die Adressleiste ein und drücken Sie die „Enter"-Taste. Anschließend öffnet sich eine Webseite des Neukirchener Verlags. Dort müssen Sie den folgenden Code eingeben und anschließend auf den Button „Downloads" klicken, damit die Downloads angezeigt werden: ZG3REW7M
Um eine Datei herunterzuladen, klicken Sie mit der rechten Maustaste auf den Dateinamen. Wählen Sie dann „Ziel speichern unter" aus. Nachdem sich ein neues Fenster geöffnet hat, suchen Sie einen Ordner auf Ihrem Rechner aus, in dem Sie die Datei abspeichern möchten. Anschließend klicken Sie auf „Speichern". Jetzt befindet sich die Datei in dem von Ihnen ausgesuchten Ordner auf Ihrem Rechner und Sie können die Kopiervorlage oder Powerpoint-Präsentation nach Belieben verwenden.

Präsentationen vorführen

Keine Angst – das Vorführen dieser Powerpoint-Präsentationen ist ganz einfach, auch für Neueinsteiger!

Zum Öffnen der Dateien brauchen Sie ein Präsentationsprogramm. Wenn Sie noch kein entsprechendes Programm auf Ihrem Rechner installiert haben, können Sie den Powerpoint-Viewer von Microsoft kostenlos im Internet herunterladen. Der Powerpoint-

Viewer ermöglicht Ihnen, die Präsentation unkompliziert abzuspielen. (Eine Bearbeitung der Dateien ist mit diesem Programm dagegen nicht möglich.)

Beim Präsentieren verwenden Sie am besten die Pfeiltasten auf Ihrem Laptop: Beim Drücken der rechten Pfeiltaste blättern Sie vorwärts, beim Drücken der linken Pfeiltaste blättern Sie zurück. Mehr brauchen Sie nicht zu tun – alles andere macht die Powerpoint-Präsentation von allein!

Speziell für die beiden Powerpoint-Präsentationen „Nationalhymnen" und „Weihnachten in aller Welt" gilt: Laden Sie die zip-Datei auf Ihren Rechner herunter und öffnen Sie sie mit einem entsprechenden zip-Programm. Nun werden die in der zip-Datei enthaltenen Einzeldateien angezeigt. Klicken Sie auf „Entpacken", um die Einzeldateien in einem von Ihnen ausgewählten Ordner auf Ihrem Rechner zu speichern. (Das Öffnen mit *Open Office* ist für diese beiden Präsentationen mit Ton nicht geeignet.)

Auf den ersten Seiten der jeweiligen Powerpoint-Präsentation können Sie alles nochmals detailliert nachlesen. Dort finden Sie auch nähere Informationen zum Ablauf des entsprechenden Quiz.

Hier noch einmal die einzelnen Schritte:
1. Speichern Sie die Powerpoint-Präsentation auf Ihrem Rechner.
2. Öffnen Sie die Powerpoint-Präsentation.
3. Navigieren Sie mit den Pfeiltasten vorwärts und rückwärts.
Viel Vergnügen beim Raten!

Liebesreigen

a) Biblische Liebesgeschichten

Zum Vorlesen

Liebespaare aus der Bibel erzählen hier von ihren Geschichten. Tragen Sie die kurzen Sprechstücke zu zweit vor. Machen Sie optisch erkennbar, wer die Frauen- und wer die Männerrolle liest – zum Beispiel trägt die eine Person eine Krawatte, die andere eine Perlenkette. Wählen Sie vier bis sechs Liebesgeschichten aus, die zum Kenntnisstand Ihrer Gruppe passen.

1. Liebesgeschichte

Sie: *Weißt du noch – damals, als wir uns verlobt haben?*
Er: Ja, ich erinnere mich gut. Wir waren eigentlich zwei ganz normale junge Menschen. Nichts Besonderes.
Sie: *Nie und nimmer hätte ich mir damals vorstellen können, dass Menschen auf der ganzen Welt noch viele Jahrhunderte später unsere Namen kennen.*
Er: Was wir nach unserer Verlobung alles erlebt haben – das ist wirklich einzigartig.
Sie: *Ich musste mir erst eine kleine Auszeit nehmen und besuchte eine ältere Verwandte.*
Er: Auch für mich war die Situation nicht ganz leicht. Und ich muss sagen, ich wusste zunächst nicht immer, wie ich mich verhalten sollte.
Sie: *Aber du hast zu mir gehalten und hast für mich gesorgt. Und für das Kind, das ich erwartete.*
Er: Ja, das Kind. Es hat alles verändert – unser ganzes Leben. Und eigentlich auch die ganze Welt.
Antwort: Maria und Josef (Matthäus 1; Lukas 1–2)

2. Liebesgeschichte

Er: Bei mir war es Liebe auf den ersten Blick.
Sie: *Treffender könnte man es tatsächlich nicht sagen. Allerdings:*

Was du damals bei diesem ersten Blick zu sehen bekamst, das war eigentlich nicht für deine Augen bestimmt.
Er: Das ist richtig. Aber wenn du im Freien badest, dann musst du damit rechnen, gesehen zu werden.
Sie: *Du bist ja gleich zur Sache gekommen. Du hast mich in dein Haus bestellt, und, na ja, kurz darauf war ich schwanger.*
Er: Damit saßen wir auch ganz schön in der Patsche. Denn du warst ja verheiratet. Und deinem Mann, einem tapferen Soldaten an der Front, das Kind unterzuschieben – das hat nicht geklappt. Da blieb mir nicht viel anderes übrig – ich habe ihn einfach zu einem Himmelfahrtskommando abgeordnet.
Sie: *Kurz nach dem Tod meines Mannes bin ich zu dir gezogen.*
Er: Monatelang habe ich mir keine Gedanken über unsere Affäre gemacht. Erst als mir ein weiser Mann ins Gewissen redete, habe ich begriffen, welches Unrecht ich getan habe: Ich habe eine verheiratete Frau geschwängert und den Tod ihres Mannes veranlasst.
Sie: *Es war hart für mich, dass dieses Kind kurz nach der Geburt starb.*
Er: Und es war unglaublich für mich, dass Gott mir verziehen hat. Gott hat uns noch einen Sohn geschenkt, der gesegnet war mit großer Weisheit und der zu einem der bedeutendsten Könige Israels wurde.
Antwort: David und Batseba (2. Samuel 11–12)

3. Liebesgeschichte

Er: Ich bin sehr froh, dass ich dich gefunden habe. Vorher war ich doch sehr einsam.
Sie: *Das hast du aber schön gesagt.*
Er: Wir hatten eine wunderbare Zeit miteinander.
Sie: *Am Anfang schon. Bis diese dumme Sache passiert ist.*
Er: Ja. Diese dumme, dumme Sache. Danach war nichts mehr wie zuvor.
Sie: *Und ich allein soll Schuld daran sein. Dabei hast du doch auch mitgemacht!*
Er: Ja, du hast recht. Deshalb mussten wir ja auch beide die Konsequenzen tragen.
Sie *(sehnsüchtig): Wenn unser Leben und das Leben aller Menschen doch nur wieder so sein könnte wie damals am Anfang – das wäre schön.*

Er: Glaub mir, eines Tages wird es wieder so werden. Dafür wird Gott sorgen.
Antwort: Adam und Eva (1. Mose 2,18–3,24)

4. Liebesgeschichte

Sie: *Du bist damals ja ziemlich überraschend bei uns aufgetaucht.*
Er: Wo hätte ich sonst hingehen sollen? Ich musste von daheim abhauen.
Sie: *Ein bisschen mysteriös war das schon. Na ja, aber du gehörtest ja zur weiteren Verwandtschaft. Da haben wir dich natürlich selbstverständlich bei uns aufgenommen.*
Er: Ich hab euch ja auch nicht auf der Tasche gelegen. Geschuftet habe ich – von morgens bis abends.
Sie: *Ein bisschen Zeit blieb aber glücklicherweise übrig. Sonst hättest du dich wohl nicht in mich verliebt.*
Er: Ja, das habe ich. Und wie: Du hast aber auch so umwerfend ausgesehen. Auch als dein Vater meinte, ich müsse sieben Jahre für dich arbeiten, war mir das nicht zu viel.
Sie: *Dafür schäme ich mich noch heute, dass du dann aber gar nicht mich, sondern meine Schwester zur Frau bekamst.*
Er: Vielleicht hatte ich das verdient, dass mich dein Vater betrogen hat. Schließlich hatte auch ich meinen Bruder betrogen.
Sie: *Aber deine Liebe zu mir war so groß! Du warst bereit, nochmals sieben Jahre für mich bei meinem Vater zu arbeiten.*
Antwort: Jakob und Rahel (1. Mose 29,1–30)

5. Liebesgeschichte

Er: Eigentlich war deine Schwiegermutter an allem Schuld. Sie hat uns zusammengebracht.
Sie: *Ja, das stimmt. Weißt du eigentlich, dass sie mich aufgefordert hatte, mich hübsch zu machen und mich mit parfümierten Salben einzucremen, um so zu dir auf die Tenne zu gehen? Und als du schliefst, sollte ich unter deine Decke kriechen.*
Er: Aber es ist nichts zwischen uns passiert – außer dass du mir gewaltig den Kopf verdreht hast. Doch aufgefallen bist du mir schon viel früher.
Sie: *Wann denn?*
Er: Als du auf meine Felder gekommen bist und Körner aufgelesen hast. Es hat mich beeindruckt, wie fleißig du warst und wie du für

dich und deine Schwiegermutter gesorgt hast.
Sie: *Aber das war doch selbstverständlich.*
Er: Nein, das finde ich gar nicht. Du warst noch jung, als dein erster Mann gestorben ist. Du hättest wieder heiraten können. Stattdessen bist du mit deiner Schwiegermutter hierher gezogen, in ihr Heimatdorf. Dabei bist du gar keine Israelitin.
Sie: *Aber ich habe mich hier immer sehr wohl gefühlt. Und daran bist du nicht unschuldig. Du warst von Anfang an freundlich zu mir.*
Er: Und bald ist Liebe daraus geworden. Welch ein Glück, dass ich entsprechend unserer Verwandtschaftsgesetze dann die Möglichkeit hatte, dich auch zu heiraten.
Antwort: Rut und Boas (Rut 3)

6. Liebesgeschichte

Sie: *Unsere Ehe war ein ziemliches Wagnis.*
Er: Da hast du recht. Schließlich haben wir uns überhaupt nicht gekannt, als wir geheiratet haben. „Blind Dating" würden die jungen Leute heute dazu sagen.
Sie: *Oder „arrangierte Ehe". Zu unserer Zeit war es ja nicht so ungewöhnlich, dass sich die Eltern überlegten, wen ihre Kinder heiraten sollten.*
Er: Bei uns beiden war es nicht zu unserem Nachteil. Du warst wunderschön und gleichzeitig so hilfsbereit. Schon bald habe ich dich sehr lieb gewonnen.
Sie: *Und ich dich.*
Er: Dass wir längere Zeit keine Kinder bekommen haben, hat mich schon belastet. Doch dann hat Gott meine Gebete erhört.
Sie: *Und wir haben Zwillinge bekommen. Aber das ist wieder eine andere Geschichte.*
Antwort: Isaak und Rebekka (1. Mose 24)

7. Liebesgeschichte

Er: Eigentlich sind wir hier falsch: Uns verbindet doch gar keine Liebesgeschichte.
Sie: *Das ist deine Meinung. Ich seh' das völlig anders. Ich war vollkommen in dich vernarrt.*
Er: Genau das war unser Problem. Diese Einseitigkeit. Deine Leidenschaft. Und dein Beleidigtsein.
Sie: *Na hör mal, du hast mich auch ganz schön abblitzen lassen.*

Dabei warst du nur ein Sklave und ich die Frau eines führenden Beamten! Ich will dich verführen und du lässt mich einfach stehen.
Er: Dafür hast du nachher behauptet, ich hätte dich vergewaltigen wollen. Meine Version der Geschichte hat niemand geglaubt. Ich wurde ins Gefängnis geworfen.
Sie: *Geschieht dir grade recht!*
Er: Und doch ist für mich alles gut geworden. Auch ohne deine Hilfe. Denn nach meinem Gefängnisaufenthalt wurde ich die rechte Hand des Pharaos. Und Gott hat mich reich gesegnet.
Antwort: Josef und die Frau des Potifars (1. Mose 39)

8. Liebesgeschichte

Er: Ich war wahnsinnig in dich verliebt.
Sie: *Ich weiß.*
Er: Und wir haben uns ganz schön gegenseitig an der Nase rumgeführt.
Sie: *Was heißt da „gegenseitig"? Du hast mir doch laufend die falschen Antworten gegeben.*
Er: Ja, das war ein Spaß! Anfangs. Du wolltest wissen, wie man meine große Kraft bezwingen kann. Und ich hab das Blaue vom Himmel heruntergelogen.
Sie: *Das war nicht nett von dir.*
Er: Nicht nett von mir? Das musst ausgerechnet du sagen! Jedes Mal, wenn ich dir scheinbar mein Geheimnis preisgegeben habe, hast du mich an meine Feinde verraten.
Sie: *Und jedes Mal stand ich blamiert da, weil du mir nicht die Wahrheit gesagt hast. Aber schließlich habe ich dich doch um den Finger gewickelt. Als Frau weiß man ja, wie man so etwas macht.*
Er: Und dann hast du mich verraten. Du hast mir die Haare abgeschnitten, mich meiner Kraft beraubt und mich an meine Feinde ausgeliefert. Ein Jammer, wie unsere Liebesgeschichte endete!
Antwort: Simson und Delila (Richter 16,4–21)

b) Schlager-Liebeslieder-Rätsel

Zum Vorlesen, keine Vorbereitung erforderlich

Auch als schriftliches Rätsel spielbar, jeweils zu zweit oder dritt

Kopiervorlage zum Downloaden

In diesem Rätsel werden Schlagertitel umschrieben, die von der Liebe handeln.

Lesen Sie zunächst die Rätselfrage vor. Alle dürfen durch Zuruf mitraten. Geben Sie nach Bedarf Hilfestellung durch erneutes Vorlesen oder durch weitere Tipps.

Nachdem die richtige Antwort gegeben wurde, ist es gut, die komplette Frage erneut vorzulesen. So kann jeder die Lösung nachvollziehen.

Fragen

1. Dieses Lied beschreibt, wie schön Liebe auf dem Sportplatz sein kann – und zwar das ganze Jahr über.
2. Ein Mädchen steht vor einem Mann, und da ist's um ihn geschehen. Dieses Mädchen wird in einem Jahr volljährig und hat absolut keine schwarzen Haare.
3. Zwei verliebte Menschen bewegen sich zur Musik, und dabei haben sie keine Schuhe an und das Wetter ist auch noch schlecht.
4. Die Frau, die diese Bitte des Sängers befolgt, rettet ihre Liebesbeziehung und unterstützt gleichzeitig auch die Deutsche Bundesbahn.
5. Zwei Liebende müssen sich verabschieden. Doch er verspricht ihr, im Frühjahr 2000 Blumen aus der holländischen Hauptstadt zu schicken.
6. Du bist allein und suchst einen Partner: Das kann sich ändern, wenn du am ersten Tag der Woche in eine französische Stadt mit einer berühmten Brücke gehst.
7. Die Krönung jeder Liebe zwischen Mann und Frau zeigt sich traditionell auf diese Weise und in dieser Farbe.
8. Jemand sucht als Ehemann einen nordamerikanischen Naturburschen, der im Viehhandel beschäftigt ist.

9. In diesem Lied kommt ein lebenswichtiges Organ abhanden. Der Verlust passiert in einer süddeutschen Stadt mit Schloss und Neckarblick.
10. Dieses Lied ist eine kleine Rechenaufgabe für Erstklässler. Oder wie heißt es so schön: Man muss nur „hm" und „hm" zusammenzählen.
11. Was machen nach den Aussagen dieses Liedes alle Menschen in der französischen Hauptstadt bei Nacht?
12. Und auch das gab es: eine heiße Liebe in Moskau, mitten im Kalten Krieg, eine Liebe zwischen einer Russin und einem Franzosen.
13. Eine laue Sommernacht, ein Strand in einem französischen Prominentenwohnort, Musikklänge von einem Saiteninstrument – und dann eine innige Berührung mit dem Mund: So beginnt das Glück in diesem Lied.
14. Dieses große Versprechen geben sich alle Liebenden am Tage ihrer Hochzeit.
15. Und doch geht die Liebe leider manchmal zu Ende und der Schmerz ist groß. In solchen Fällen sollte man sich unbedingt den Ratschlag dieses Liedes zu Herzen nehmen.
16. Zwei Menschen, die sich lieben, schwören sich Treue mit ganz unterschiedlichen Worten. Mit den Worten dieses Liedes könnten Bergleute, Steinmetze und Stahlkocher ihren Liebsten ihre große Liebe gestehen.

Antworten

1. Er steht im Tor (Wencke Myhre)
2. 17 Jahr' blondes Haar (Udo Jürgens)
3. Barfuß im Regen (Michael Holm)
4. Nimm den nächsten Zug (Howard Carpendale)
5. Tulpen aus Amsterdam (Rudi Schuricke und weitere Interpreten)
6. An einem Sonntag in Avignon (Mireille Mathieu)
7. Ganz in weiß (Roy Black)
8. Ich will 'nen Cowboy als Mann (Gitte Haenning)
9. Ich hab' mein Herz in Heidelberg verloren (verschiedene Interpreten)
10. Eins und eins, das macht zwei (Hildegard Knef)
11. Ganz Paris träumt von er Liebe (Caterina Valente)
12. Nathalie (Gilbert Bécaud)

13. Saint Tropez – Gitarren bei Nacht (Vicky Leandros)
14. Wir wollen niemals auseinandergehn (Heidi Brühl)
15. Liebeskummer lohnt sich nicht, my Darling (Siw Malmkvist)
16. Marmor, Stein und Eisen bricht (Drafi Deutscher)

c) „Der große Preis" – Mütter, Väter, Kinder

Zum Vorlesen

Farbige Punkte-Vorlage zum Downloaden (alternativ kann die Schwarz-Weiß-Vorlage auf S. 25 kopiert werden)

Overheadprojektor oder Plakat notwendig

Liebe gibt es in vielen Variationen. Die Liebe zwischen Müttern, Vätern und Kindern ist eine davon. Nicht alle Senioren sind selbst Mütter oder Väter. Aber alle waren einmal Kinder und hatten Eltern. Besonders gut passt dieser „Große Preis" in die Zeit rund um den Muttertag.

Für dieses Spiel ist es gut, wenn Sie es zu dritt leiten: Einer stellt die Fragen und leitet das Quiz, ein Zweiter kreuzt die bereits gestellten Fragen auf der Punkte-Vorlage an, der Dritte notiert den Punktestand der verschiedenen Gruppen.

Kopieren Sie die Punkte-Vorlage auf ein großes Papier oder auf eine Overheadfolie.

Teilen Sie alle Besucher des Seniorenkreises in drei (maximal vier) Gruppen ein. Alle Gruppenmitglieder sollten beieinandersitzen.

Um möglichst viele Senioren am Mitraten zu beteiligen, empfiehlt sich eine Spielvariante, bei der jede Gruppe zu jeder Frage eine Antwort geben darf:

Gruppe 1 wählt eine beliebige Frage aus den verschiedenen Rubriken aus. Diese Frage wird vorgelesen. Jede Gruppe berät sich anschließend und darf dann antworten. Alle Gruppen mit der richtigen Lösung bekommen den jeweiligen Punktewert der Frage gutgeschrieben. (Das bedeutet, dass der Punktewert der Frage in einer Runde mehrfach verteilt werden kann.) Danach darf sich die 2. Gruppe eine Frage aussuchen usw. Bei einem „Joker" erhält diejenige Gruppe, die diese Frage ausgewählt hat, die Punktezahl „geschenkt". Die anderen Gruppen gehen leer aus.

Rubrik: Menschen

20-Punkte-Frage: Wie heißt der Vater von Kronprinz Charles von England?
Prinz Philip
40-Punkte-Frage: Wie heißen die drei biblischen Erzväter?
Abraham, Isaak und Jakob
60-Punkte-Frage: In welchem Verwandtschaftsverhältnis stehen die Tochter des Sohnes der Großmutter und der Sohn der Tochter derselben Großmutter zueinander?
Sie sind Cousin und Cousine.
80-Punkte-Frage: Joker
100-Punkte-Frage: Unter welchem Namen ist die Nonne Agnes Gonxha Bojaxhio bei uns bekannt?
Mutter Teresa

Rubrik: Natur

20-Punkte-Frage: Joker
40-Punkte-Frage: Mit welchen Tieren werden bei uns Mütter und Väter verglichen, die sich nicht besonders fürsorglich verhalten?
mit Raben: Rabenmütter und Rabenväter
60-Punkte-Frage: Was ist ein Mutterkorn?
ein giftiges Getreidekorn
80-Punkte-Frage: Wer kommt in Russland regelmäßig im Winter auf Besuch?
Väterchen Frost
100-Punkte-Frage: Wie lauten die Fachbegriffe für die einzelnen Mitglieder einer Wildschweinfamilie?
Das männliche Wildschwein wird „Keiler" genannt, das weibliche „Bache" und die Kinder der beiden „Frischlinge".

Rubrik: Industrie

20-Punkte-Frage: Mit welcher Mutter haben viele Handwerker zu tun?
Mutter von Schrauben
40-Punkte-Frage: Joker
60-Punkte-Frage: Was ist General Motors im Blick auf die Adam Opel AG?
General Motors ist der Mutterkonzern von Opel.
80-Punkte-Frage: Wer gab den Slogan aus „Samstags gehört Vati mir"?

Damit warb der Deutsche Gewerkschaftsbund im Jahr 1956 für die Fünf-Tage-Woche.
100-Punkte-Frage: Wie heißt die zentrale Leiterplatte eines Computers?
Motherboard

Rubrik: Musik

20-Punkte-Frage: Es gibt zwei bedeutende österreichische Komponisten, die den gleichen Namen haben. Kein Wunder – die beiden sind Vater und Sohn. Wie heißen sie?
Johann Baptist Strauß
40-Punkte-Frage: Wie heißt die berühmteste Geigerin Deutschlands?
Anne-Sophie Mutter
60-Punkte-Frage: Vor vielen Jahren sang Heintje das Lied „Mama". Wie lauten die ersten Worte dieses Liedes?
Mama, du sollst doch nicht um deinen Jungen weinen.
80-Punkte-Frage: Welche Musikgruppe trägt einen Namen, der in der Bibel auch als Anrede für Gott genannt wird?
Abba. „Abba, lieber Vater" (z. B. Römer 8,15).
100-Punkte-Frage: Joker

Rubrik: Allerlei

20-Punkte-Frage: Welche Schauspielerin galt jahrzehntelang als Mutter der Nation?
Inge Meysel
40-Punkte-Frage: Welche Beinamen haben Kirche und Staat?
Mutter Kirche und Vater Staat
60-Punkte-Frage: Joker
80-Punkte-Frage: Was hat ein Student, der promoviert?
Er hat einen Doktorvater.
100-Punkte-Frage: Was hat eine Mutter mit einer Porzellankiste zu tun?
Es gibt das Sprichwort: Vorsicht ist die Mutter der Porzellankiste

Mütter, Väter, Kinder

Menschen	Natur	Industrie	Musik	Allerlei
20	20	20	20	20
40	40	40	40	40
60	60	60	60	60
80	80	80	80	80
100	100	100	100	100

Quelle Grafik: http://openclipart.org/detail/35965/heart-left-highlight-by-anonymous-35965

d) Vorlesegeschichte: Die Rose

Heute tue ich etwas, was ich nicht allzu oft tun muss. Ich befreie eine Rose vom Staub, der sich eben auf einen Gegenstand legt, der zur Zierde irgendwo steht. Dabei gehe ich in Gedanken zurück in die Zeit, als die Rose mein Eigen wurde.

Ja, wie lange steht sie denn schon in der Zimmerecke auf dem kleinen Schränkchen, wo immer so allerlei Krimskrams abgelegt wird? Sind es zwei, drei oder gar vier Jahre? Die Zeit vergeht so rasend schnell, und deshalb komme ich manchmal etwas draus beim Rückblick.

Wie ihr sicher schon gemerkt habt, handelt es sich nicht um eine echte, sondern um eine künstliche Rose, wie man sie an einer Schießbude schießen oder aber in Geschäften mit künstlichen Blumen erwerben kann. Sicher hätte diese Rose nie diese Beachtung gefunden, wenn sie nicht ein Geschenk von meinem ältesten Enkelkind gewesen wäre. Nun halte ich sie wieder mal in Händen, und ich erinnere mich an den Augenblick, in dem das Kind mit strahlenden Augen mir entgegen kam, mir die Rose bei der Begrüßung entgegenstreckte und sagte: „Da, Oma, für dich."

Die Freude, die aus diesen strahlenden Augen leuchtete, kann ich nicht vergessen.

Ja – und nun steht sie wieder vom Staub befreit in der Ecke auf dem kleinen Schränkchen, nicht als wertvolle Zierde, für mich jedoch von großem ideellen Wert.

Übrigens vor drei Wochen schenkte mir meine Tochter einen ganzen Strauß Rosen, ohne besonderen Anlass, nur so mir zur Freude. Eine Rose davon steht heute noch in der Vase, wie wenn sie erst gepflückt worden wäre, alle andern sind verblüht.

Wie arm wäre das Leben ohne solche Zeichen der Liebe!

Ein Mann mit Namen *James M. Barrie* sagte einmal: „Gott gab uns das Erinnerungsvermögen, damit wir uns auch im Dezember an Rosen erfreuen können."

Maria Schwinn

e) Gesprächsimpulse

- Welcher Gegenstand in Ihrer Wohnung erinnert Sie an ein besonders schönes Erlebnis?
- Halten Sie es für wichtig, von Familienmitgliedern, Freunden oder Bekannten kleine Aufmerksamkeiten zu bekommen?
- An welche Momente besonderer Zuwendung erinnern Sie sich? (Erlebnisse als Kind mit Ihren eigenen Eltern oder Großeltern? Erlebnisse als Eltern oder Großeltern mit Ihren eigenen Kindern oder Enkeln?)
- Verschenken Sie selbst gerne mal eine kleine Aufmerksamkeit „einfach nur so"?
- Wie war es, als Sie sich das erste Mal verliebt haben?
- Wie wurden früher Hochzeiten gefeiert?

f) Angedacht: Zuvorkommende Liebe

Ich war damals wohl vier Jahre alt. Meine Eltern besuchten mit uns Kindern eine Tante in Kopenhagen. Eines Tages schickte die Tante meinen drei Jahre älteren Bruder und mich auf die Straße, um den Hund ein wenig spazieren zu führen. An der Straßenecke sagte mein Bruder, ich solle doch eben noch einmal zurückgehen und die Hundeleine holen. So machte ich mich auf den Weg. An einer großen Kreuzung angekommen, brachte mich ein freundlicher Polizist über die Straße. Ich lief weiter und kam in eine mir unbekannte Gegend. Ich hatte mich verlaufen. Weinend setzte ich mich an den Straßenrand. Wie lange ich dort saß, weiß ich nicht mehr.

Doch plötzlich hörte ich jemanden meinen Namen rufen. Durch meine verweinten Augen sah ich meinen Vater die Straße entlangkommen. Ohne zu zögern, sprang ich auf und lief ihm in die Arme. Den gesamten Heimweg trug er mich auf seinen Armen.

So kommt Gott uns in seiner zuvorkommenden Liebe entgegen, egal, wo wir sind, und trägt uns durchs Leben.

Otto-Erich Juhler

Weltgeschichte(n)

a) Berühmte Reden

Zum Vorlesen, keine Vorbereitung erforderlich

Bei diesem „Mehr-Satz-Rätsel" sollten Sie nach jedem (Teil-)Satz eine deutliche Pause zum Nachdenken und zum Zurufen der möglichen Antworten machen. Vielleicht weiß jemand die richtige Antwort schon nach dem ersten oder zweiten Satz?

Nachdem die richtige Antwort gegeben wurde, lesen Sie alles nochmals komplett vor. So kann jeder die einzelnen Sätze mit der Lösung vor Augen nachvollziehen.

Wählen Sie entsprechend dem Kenntnisstand Ihrer Gruppe sechs bis acht Reden aus.

Dieses Quiz kann viele Erinnerungen wecken. Gehen Sie während des Spiels in einem angemessenen Zeitrahmen auf die Erzählungen der Senioren ein oder nutzen Sie das Rätsel als Einstieg für eine ausführliche Gesprächsrunde zum Thema.

1. Rede

- Ich bin stolz, heute in Ihre Stadt zu kommen (...)
- Sie leben auf einer verteidigten Insel der Freiheit.
- Alle freien Menschen, wo immer sie leben mögen, sind Bürger dieser Stadt Berlin,
- und deshalb bin ich als freier Mann stolz darauf, sagen zu können:
- Ich bin ein Berliner.

Antwort: Der amerikanische Präsident John F. Kennedy am 26. Juni 1963 vor dem Rathaus Schöneberg in Berlin.

2. Rede

- Vor einem Jahrhundert unterschrieb ein berühmter Amerikaner, in dessen symbolischem Schatten wir heute stehen, die Freiheitsproklamation. (...)

- Aber einhundert Jahre später ist der Neger immer noch nicht frei. (...)
- Wir sind daher heute hierher gekommen, um diesen beschämenden Zustand zu dramatisieren. (...)
- Ich habe einen Traum,
- dass eines Tages die Söhne von früheren Sklaven und die Söhne von früheren Sklavenbesitzern auf den roten Hügeln von Georgia sich am Tisch der Bruderschaft gemeinsam niedersetzen können.

Antwort: Martin Luther King am 28. August 1963 in Washington D.C.

3. Rede

- Es wird niemandem schlechter gehen als zuvor – dafür vielen besser. (...)
- Durch eine gemeinsame Anstrengung wird es uns gelingen,
- Mecklenburg-Vorpommern und Sachsen-Anhalt, Brandenburg, Sachsen und Thüringen
- schon bald wieder in blühende Landschaften zu verwandeln, in denen es sich zu leben und zu arbeiten lohnt.

Antwort: Bundeskanzler a.D. Dr. Helmut Kohl, Fernsehansprache anlässlich des Inkrafttretens der Währungs-, Wirtschafts- und Sozialunion, 1. Juli 1990

4. Rede

- Seht die Vögel unter dem Himmel an: sie säen nicht, sie ernten nicht, sie sammeln nicht in die Scheunen; und euer himmlischer Vater ernährt sie doch. (...)
- Wer ist unter euch, der seines Lebens Länge eine Spanne zusetzen könnte, wie sehr er sich auch darum sorgt? (...)
- Trachtet zuerst nach dem Reich Gottes und nach seiner Gerechtigkeit, so wird euch das alles zufallen.

Antwort: Jesus Christus in der Bergpredigt (Matthäus 6,26–27.33)

5. Rede

- Liebe Landsleute,
- wir sind zu Ihnen gekommen,
- um Ihnen mitzuteilen,
- dass heute Ihre Ausreise
- in die Bundesrepublik Deutschland möglich geworden ist.

Antwort: Bundesaußenminister Hans-Dietrich Genscher auf dem Balkon der deutschen Botschaft in Prag am 30. September 1989

6. Rede

- Ich möchte dem Hause dasselbe sagen, was ich den Mitgliedern dieser Regierung gesagt habe:
- „Ich habe nichts zu bieten als
- Blut, Mühsal, Tränen und Schweiß."
- Wir haben eine Prüfung von der allerschwersten Art vor uns.
- Wir haben viele, viele lange Monate des Kampfes und des Leidens vor uns. (...)

Antwort: Premierminister Sir Winston Churchill am 13. Mai 1940. Es war Churchills erste Rede vor dem britischen Unterhaus nach seinem Amtsantritt. Seine Rede wurde als „Blut, Schweiß und Tränen"-Rede bekannt.

7. Rede

- Mir ist nicht bekannt, dass solche Absicht besteht,
- da sich die Bauarbeiter in der Hauptstadt hauptsächlich mit Wohnungsbau beschäftigen
- und ihre Arbeitskraft voll eingesetzt wird.
- Niemand hat die Absicht, eine Mauer zu errichten.

Antwort: Walter Ulbricht, Staatsratsvorsitzender der DDR, am 15. Juni 1961 auf einer Pressekonferenz

8. Rede

- Unsere Republik gehört heute zu den zehn leistungsfähigsten Industrienationen der Welt, zu den knapp zwei Dutzend Ländern mit dem höchsten Lebensstandard. (...)
- Mit unseren Händen und Köpfen haben wir das zuwege gebracht, unter Führung der Partei der Arbeiterklasse. (...)
- Soviel steht fest, für uns gilt die in der Gründerzeit der DDR geprägte Losung: Vorwärts immer, rückwärts nimmer. (...)
- Alles in allem zeigt die Bilanz dieser 40 Jahre DDR: Durch die Arbeit des Volkes und für das Volk wurde Großes vollbracht.

Antwort: DDR-Staatsratsvorsitzender Erich Honecker, Festansprache zum 40. Jahrestag der DDR am 7. Oktober 1989

9. Rede

- Ich spreche heute zu Ihnen als Vertreter einer Familie im Schmerz, in einem Land, das trauert, vor einer Welt, die unter Schock steht. (...)
- Heute haben wir die Gelegenheit, uns zu bedanken für das Licht, das du in unser Leben gebracht hast, obwohl Gott dir nur ein halbes Leben gewährte. (...)
- Dein gottgegebenes Einfühlungsvermögen lenkte unsere Aufmerksamkeit auf die Qual der Aids- und HIV-Kranken, die Not der Obdachlosen, die Isolation der Leprakranken, die wahllose Zerstörung, die von Landminen ausgeht. (...)
- Es ist bemerkenswert, (...) dass ein Mädchen, dem der Name der antiken Göttin der Jagd gegeben wurde, schließlich die meistgejagte Person der Moderne war.
- Sie würde sich wünschen, dass wir uns heute verpflichten, ihre Söhne, William und Harry, vor einem ähnlichen Schicksal zu bewahren.

Antwort: Charles Spencer, 9. Earl of Spencer, bei der Trauerfeier zum Tode seiner Schwester Lady Diana am 6. September 1997 in der Westminster Abbey

10. Rede

- Was für ein schöner Sonntag!
- Es war der 18. März, heute genau vor 22 Jahren, und wir hatten gewählt.
- Wir, das waren Millionen Ostdeutsche, die nach 56-jähriger Herrschaft von Diktatoren endlich Bürger sein durften. (...)
- Heute nun haben Sie, die Wahlfrauen und -männer, einen Präsidenten gewählt, der sich selbst nicht denken kann ohne diese Freiheit und der sich sein Land nicht vorstellen mag und kann ohne die Praxis der Verantwortung.

Antwort: Joachim Gauck nach seiner Wahl zum Bundespräsidenten am 18. März 2012 vor der Bundesversammlung

11. Rede

- Ich erscheine gehorsam zu dem Zeitpunkt, der mir gestern [Abend] bestimmt worden ist, und bitte die allergnädigste Majestät und die durchlauchtigsten Fürsten und Herren um Got-

tes Barmherzigkeit [willen], sie möchten meine Sache, die hoffe ich, gerecht und wahrhaftig ist, in Gnaden anhören. (...)
- Wenn ich nicht mit Zeugnissen der Schrift oder mit offenbaren Vernunftgründen besiegt werde, so bleibe ich von den Schriftstellen besiegt, die ich angeführt habe, und mein Gewissen bleibt gefangen in Gottes Wort. (...)
- Widerrufen kann und will ich nichts, weil es weder sicher noch geraten ist, etwas gegen sein Gewissen zu tun.
- Gott helfe mir. Amen.

Antwort: Martin Luther, Verteidigungsrede auf dem Reichstag in Worms, 18. April 1521

12. Rede

- So fürchtet nun den Herrn und dient ihm treulich und rechtschaffen und lasst fahren die Götter, denen eure Väter gedient haben jenseits des Euphratstroms und in Ägypten, und dient dem Herrn.
- Gefällt es euch aber nicht, dem Herrn zu dienen, so wählt euch heute, wem ihr dienen wollt:
- den Göttern, denen eure Väter gedient haben jenseits des Stroms, oder den Göttern der Amoriter, in deren Land ihr wohnt.
- Ich aber und mein Haus wollen dem Herrn dienen.

Antwort: Josua auf dem Landtag zu Sichem (Josua 24,14–15)

13. Rede

- Vor 87 Jahren gründeten unsere Väter auf diesem Kontinent eine neue Nation,
- in Freiheit gezeugt und dem Grundsatz geweiht, dass alle Menschen gleich geschaffen sind.
- Nun stehen wir in einem großen Bürgerkrieg, um zu erproben, ob diese oder jede andere so gezeugte und solchen Grundsätzen geweihte Nation dauerhaft bestehen kann. (...)
- Es ist vielmehr an uns, geweiht zu werden der großen Aufgabe, die noch vor uns liegt (...)
- (...) auf dass die Regierung des Volkes, durch das Volk und für das Volk, nicht von der Erde verschwinden möge.

Antwort: Präsident Abraham Lincoln am 19. November 1863 bei der Einweihung des Soldatenfriedhofs in Gettysburg. Seine Rede wurde als „Gettysburg Address“ bekannt.

14. Rede

- Ihr Männer von Athen, ich sehe, dass ihr die Götter in allen Stücken sehr verehrt.
- Ich bin umhergegangen und habe eure Heiligtümer angesehen
- und fand einen Altar, auf dem stand geschrieben: Dem unbekannten Gott.
- Nun verkündige ich euch, was ihr unwissend verehrt.

Antwort: Paulus bei seiner Rede auf dem Areopag in Athen (Apostelgeschichte 17,22–23)

b) „Wer bin ich?" – Dalliklick mit Politikern

Powerpoint-Präsentation zum Downloaden

Bei diesem „Dalliklick" werden Fotoporträts von bekannten Politikern durch acht Teilbilder nach und nach zusammengesetzt. Machen Sie nach jedem aufgedeckten Teilbild eine Pause und lassen Sie die Besucher des Seniorenkreises raten. Sollte die richtige Lösung bereits nach wenigen Teilbildern gefunden werden, können Sie die restlichen zügig aufdecken, bis das ganze Foto zu sehen ist. Die Handhabung der Präsentation und der Verlauf des Ratespiels sind völlig unkompliziert (siehe S. 13) und auch für „Neueinsteiger" gut geeignet. Nur Mut!

Beispiele

Reihenfolge in der Präsentation

Helmut Schmidt, Angela Merkel, Barack Obama, Hans-Dietrich Genscher, Renate Künast, Horst Seehofer, Otto von Bismarck, Winston Churchill, Willy Brandt, Ronald Reagan, Richard von Weizsäcker, Theo Waigel, Walter Scheel, Franz Josef Strauß, Otto Graf Lambsdorff

c) Nationalhymnen in Wort und Ton

Ohne weitere Vorbereitung als Vorleserätsel möglich

Auch als schriftliches Rätsel spielbar, jeweils zu zweit oder dritt

Kopiervorlage und Powerpoint-Präsentation zum Downloaden

Sie können die Vorlagen auf dreierlei Weise verwenden:

Erstens: Lesen Sie die Texte aus dem Buch vor und lassen Sie die Teilnehmer durch Zuruf antworten.

Zweitens: Kopieren Sie die Vorlage aus dem Download-Bereich und teilen Sie die Blätter aus. Die Teilnehmer lösen das Rätsel dann jeweils in kleinen Gruppen zu zweit oder dritt. Am Schluss geben Sie die richtigen Antworten bekannt.

Drittens: Sie zeigen die Powerpoint-Präsentation. Diese enthält Textauszüge ***und*** *Melodien verschiedener Nationalhymnen. Die Auflösung mit den richtigen Antworten ist in die Powerpoint-Präsentation integriert.*

Sie müssen die Präsentation und die einzelnen Audiodateien in ***einen*** *Ordner auf Ihren Computer downloaden. Die weitere Handhabung der Präsentation und der Ablauf des Quiz sind unkompliziert (siehe S. 13).*

Bei den Texten der Nationalhymnen (im Buch, auf der Kopiervorlage und in der Powerpoint-Präsentation) wurden einzelne Worte, die direkt auf das gesuchte Land hinweisen, weggelassen. Unter den „Auflösungen“ auf S. 37 finden Sie die Begriffe, die in die Textlücken eingefügt werden müssen.

Hymne Nr. 1

Gott schütze unsere gnädige Königin!
Lang lebe unsere edle Königin,
Gott schütze die Königin!
Lass sie siegreich,
glücklich und ruhmreich sein,
auf dass sie lang über uns herrsche!
Gott schütze die Königin!

Hymne Nr. 2

O sagt, könnt ihr sehen im frühen Licht der Morgendämmerung,
was wir so stolz grüßten im letzten Schimmer der Abenddämmerung?
Dessen breite Streifen und helle Sterne die gefahrvollen Kämpfe hindurch
über den Wällen, die wir bewachten, so stattlich wehten?
Und der Raketen grelles, rotes Licht, die in der Luft explodierenden Bomben,
bewiesen die Nacht hindurch, dass unsere Flagge noch da war.
Oh sagt, weht dieses sternenbesetzte Banner noch immer
über dem Land der Freien und der Heimat der Tapferen?

Hymne Nr. 3

Solange noch im Herzen
eine _________ Seele wohnt
und nach Osten hin, vorwärts,
ein Auge nach _________ blickt,
solange ist unsere Hoffnung nicht verloren,
die Hoffnung, zweitausend Jahre alt,
zu sein ein freies Volk, in unserem Land,
im Lande _________ und in _________!

Hymne Nr. 4

Die ruhigen Ufern des Ipiranga hörten
den Aufschrei eines heroischen Volkes widerhallen,
mit blitzendem Strahl erschien die Sonne der Freiheit
in diesem Moment am Himmel unserer Heimat.
Wenn wir es schaffen diese Gleichheit zu erkämpfen,
in deinem Namen, Freiheit,

trotzt unsere Brust sogar dem eignen Tod!
Sei gegrüßt, geliebte Heimat,
hochverehrte, sei gegrüßt!
__________, wenn an deinem schönen Himmel, lächelnd und klar,
das Bild des Kreuz des Südens alles überstrahlt,
fährt ein intensiver Traum, ein leuchtender Blitz
der Liebe und der Hoffnung zur Erde nieder. (...)

Hymne Nr. 5

Brüder __________,
__________ hat sich erhoben,
und hat mit dem Helm des Scipio
sich das Haupt geschmückt.
Wo ist Victoria [die Siegesgöttin]?
Sie möge __________ ihr Haupt zuneigen,
denn als eine Sklavin __________
hat Gott sie erschaffen.
Refrain
Lasst uns die Reihen schließen,
wir sind bereit zum Tod,
wir sind bereit zum Tod,
__________ hat gerufen!
Lasst uns die Reihen schließen,
wir sind bereit zum Tod,
wir sind bereit zum Tod,
__________ hat gerufen!
Ja! (...)

Hymne Nr. 6

Auf, Kinder des Vaterlands!
Der Tag des Ruhms ist da.
Gegen uns wurde der Tyrannei
blutiges Banner erhoben. (2x)
Hört ihr im Land
das Brüllen der grausamen Krieger?
Sie kommen bis in eure Arme,
eure Söhne, eure Gefährtinnen zu köpfen!

Refrain
Zu den Waffen, Bürger! Schließt die Reihen,
vorwärts, marschieren wir! Das unreine Blut
tränke unserer Äcker Furchen! (2x) (...)

Hymne Nr. 7

Wilhelm von Nassau
bin ich, von deutschem Blut,
dem Vaterland getreu
bleib' ich bis in den Tod.
Ein Prinz von __________
bin ich, frei, unerschrocken,
den König von Spanien
hab' ich allzeit geehrt.

Hymne Nr. 8

Trittst im Morgenrot daher,
seh' ich dich im Strahlenmeer,
Dich, du Hocherhabener, Herrlicher!
Wenn der Alpenfirn sich rötet,
betet, freie __________, betet!
Eure fromme Seele ahnt
Gott im hehren Vaterland,
Gott, den Herrn, im hehren Vaterland. (...)

Hymne Nr. 9

Gebieter, Eure Herrschaft soll dauern
tausend Generationen,
achttausend Generationen,
bis der Stein
zum Felsen wird
und Moos seine Seiten bedeckt.

Antworten für Quiz im Buch und auf dem Arbeitsblatt

1. Großbritannien, God save the Queen **2.** USA, The Star-Spangled Banner (das sternenbesetzte Banner) **3.** Israel, Hatikwa (die Hoffnung); zu ergänzen sind in dieser Reihenfolge: jüdische, Zion, Zion, Jerusalem **4.** Brasilien; zu ergänzen bei der Leerstelle: Brasilien **5.** Italien, Fratelli d'Italia; zu ergänzen sind in dieser Reihenfolge: Italiens, Italien, Italien, Roms, Italien, Italien **6.** Frankreich, Marseillaise **7.** Niederlande, Het Wilhelmus, zu ergänzen bei der Leerstelle: Oranien **8.** Schweiz, Schweizerpsalm, zu ergänzen bei der Leerstelle: Schweizer **9.** Japan, Kim Ga Yo

Reihenfolge der Nationalhymnen in der Powerpoint-Präsentation
Großbritannien, Frankreich, USA, Israel, Schweiz, Italien, Japan, Brasilien, Niederlande

d) Vorlesegeschichte: Unter Hochspannung

Es war die Zeit um den 22. August 1989, als mein Mann und ich zu Besuch bei Freunden in der damaligen DDR weilten. Schon seit Mitte der Fünfziger Jahre war unsere württembergische Kirchengemeinde eng verbunden mit einer Partnergemeinde in der Nähe von Weimar. Immer wieder waren seither Mitglieder unserer Gemeinde zu Besuch in der DDR. Auch mein Mann und ich waren schon mehrere Male „drüben" und die Besuche hatten immer etwas Aufregendes.

Doch jene Tage im Sommer 1989 waren besonders spannungsgeladen angesichts dessen, was sich da politisch anbahnte. In Budapest und Prag stürmten DDR-Urlauber Deutsche Botschaften und erbaten Hilfe, um in die Bundesrepublik Deutschland einreisen zu können.

Die Anspannung in unserer Partnergemeinde stieg von Tag zu Tag. „Was wird passieren? Wie reagiert die DDR-Regierung unter Erich Honecker auf die Ereignisse dort in Budapest und Prag?" Das waren nur zwei von vielen Fragen, die sich die DDR-Bürger stellten. Auch mein Mann und ich waren nicht unbesorgt angesichts dieser Geschehnisse. Wir fragten uns: „Wird man die Grenze zur BRD offen halten, damit wir wieder ausreisen können?"

Dass der DDR-Staat am Ende war, spürten die Menschen schon lange. Auch wir merkten das bei verschiedenen Situationen. Bei der Anmeldung auf dem Bezirksamt in Weimar hatte der Beamte kein Blatt Papier mehr gehabt, um eine ordnungsgemäße Anmeldung vorzunehmen. Er musste ein gebrauchtes Kuvert auf der Rückseite beschreiben.

Bei einem Stadtbummel in Erfurt mit unseren Freunden kamen wir auch zur Krämerbrücke; dort wurde ein großes, altes Gebäude restauriert. Hoch oben vom dritten Stock schauten einige Arbeiter auf die Fußgänger auf der Krämerbrücke herunter. Von unten rief jemand in scherzhaftem Ton hoch zu den Arbeitern: „Nicht spazieren schauen, ihr sollt arbeiten." Die antworteten darauf: „Würden wir schon, haben aber keinen Mörtel!"

In einem Café in Jena kamen wir mit einer jüngeren Frau ins Gespräch. Sie ließ kein gutes Haar mehr an ihrem Staat und wir hatten ein ungutes Gefühl und Angst um diese Frau, die ihrem Unmut freien Lauf ließ. Wir erzählten, dass wir Westdeutsche sind und aus Kirchberg kommen. „Das ist ja interessant", meinte die Frau. „Kennen Sie dann auch schon *unsere* Burg Kirchberg mit dem Fuchsturm? Die wurde erst vor kurzem restauriert."

Nein, die kannten wir bis dahin noch nicht. Die neue Bekannte machte kurz entschlossen das Angebot, noch an diesem späten Nachmittag dorthin zu fahren. Der Ehemann der jungen Frau fuhr mit seinem Wartburg voraus, und so lernten wir ein weiteres Kleinod thüringischer Geschichte kennen. Schnell wurden ein paar Bilder zur Erinnerung gemacht. Auf ein Stück Papier schrieb die Frau aus Jena folgende Worte und hielt sie in die Kamera:

„Viele liebe Grüße vom Kirchberg aus Jena an alle Kirchberger."

Als wir am Abend dieses 22. Augusts 1989 von unserem Ausflug in unsere Partnergemeinde zurückkehrten, zog uns erneut das politische Geschehen in den Bann. SED-Funktionäre hatten eilig zu vorgerückter Stunde eine Versammlung einberufen, um zu erkunden, ob auch aus ihrem Bezirk Personen unter den Zufluchtsuchenden in Budapest oder Prag seien. Denn am 13. August musste die Deutsche Botschaft in Budapest wegen Überfüllung geschlossen werden und am 23. August die Deutsche Botschaft in Prag. In Prag hatten bis zu diesem Tag über 180 DDR-Bürger Zuflucht gesucht, in Budapest waren es 140.

An jenem Abend stieg die Anspannung aller Bürger in der DDR auf einen vorläufigen Höhepunkt. Viele weitere Wochen der politischen Hochspannung folgten.

Wäre 1989 Michail Gorbatschow nicht Vorsitzender des Obersten Sowjets der UdSSR gewesen, hätte die deutsch-deutsche Geschichte wohl einen anderen Verlauf genommen.

Maria Schwinn

e) Gesprächsimpulse

- Wie haben Sie die Nachricht von der Maueröffnung erfahren?
- Was ist Ihnen aus der Zeit der Wende in besonderer Erinnerung geblieben? Ein Erlebnis, eine Begegnung, ein Bild?
- In welcher Weise hat die Wendezeit Ihr Leben verändert?
- Konnten Sie einmal zu einem Besuch aus dem Westen in die DDR oder aus dem Osten in die BRD reisen? Was haben Sie dabei erlebt?
- Welches weltpolitische Ereignis der Nachkriegszeit hat Sie besonders bewegt? (noch konkreter gefragt: in den 50er-Jahren oder in den 60ern, den 70ern usw.)
- Welche Nachricht aus den letzten Jahrzehnten hat Sie in Angst und Schrecken versetzt?
- *Im Anschluss an das Redenrätsel:* Verbinden Sie mit einer der Reden besondere persönliche Erinnerungen?
- Welche Personen der Weltgeschichte aus dem 20. Jahrhundert sind für Sie ein Vorbild? Aus welchem Grund?
- Gibt es ein Wort von einer bedeutenden Person, das Ihnen selbst zum Leitspruch oder zur Hilfe geworden ist?
- Sind Sie schon einmal einem bekannten Politiker oder einer bekannten Politikerin begegnet? Wie war das?

f) Angedacht: „Ich bin das A und das O“

Ich bin das A und das O, spricht Gott der Herr, der da ist und der da war und der da kommt, der Allmächtige. (Offenbarung 1,8)

Siehe, er kommt: Christus, der sichtbar wiederkommende Herr. Das ist die alles beherrschende Botschaft der Offenbarung. Und damit darüber wirklich kein Zweifel besteht und es allen klar wird, deshalb ergreift Gott selbst in den einleitenden Sätzen der Offenbarung das Wort. Damit wird allen Lesern deutlich gemacht: Hinter dieser Botschaft steht der lebendige Gott, der das A und das O der Weltgeschichte ist. In unüberbietbarer Deutlichkeit wird hier der Name des Gottes Israels auf das Thema der Offenbarung hin ausgelegt. Er ist der ewig Seiende. A und O sind erster und letzter Buchstabe des griechischen Alphabets. Damit will Gott sagen: Ich umfasse Anfang

und Ende, vor mir und nach mir gibt es nichts, ich halte Raum und Zeit in meinen Händen, ich bin der Allherrscher, der seine Ziele mit dieser Welt gegen alle Widerstände verwirklichen wird. Gott lässt sich seine Pläne durch nichts durchkreuzen. An seiner allmächtigen Gegenwart kommt keiner vorbei. Sind wir uns dessen bewusst?
Bernd Brandl

Küchenweisheiten

a) Rezepte-Rätsel

Schriftliches Rätsel, jeweils zu zweit oder dritt spielbar

Kopiervorlage zum Downloaden (alternativ kann die Vorlage auf S. 43–44 kopiert werden)

Viele ältere Frauen haben jahrzehntelange Erfahrungen im Kochen und Backen. An diese Kompetenzen knüpft das Rezepte-Rätsel an. Das Quiz ist stark frauenorientiert. Teilen Sie deshalb zeitgleich auch das Arbeitsblatt „Bierwerbung" aus (siehe S. 45) – so kann sich jeder aussuchen, was ihm besser liegt.

Geben Sie den Teilnehmern die Möglichkeiten, sich über die Rezepte zu unterhalten („Ich hab' das immer so gemacht …"), und lenken Sie den Austausch in gute Bahnen.

Auflösung

1. Spiegelei, **2.** Tomatensuppe, **3.** Rindsroulade, **4.** Kartoffelpuffer, **5.** Fruchtgelee, **6.** Linzertorte, **7.** Nudelauflauf, **8.** Gefüllte Paprika, **9.** Kartoffelbrei, **10.** Pfannkuchen, **11.** Gulasch, **12.** Haselnussmakronen

Rezepte-Rätsel

Rezept Nummer 1

1 Ei
Salz
etwas Fett

Lösung: ....

Rezept Nummer 2

40 g Fett
60 g Mehl
4 Tomaten
1 Zwiebel
1,25 l Wasser
Salz

Lösung: ....

Rezept Nummer 3

4 Scheiben Rindfleisch
50 g geräucherter Speck
Zwiebeln
1 Esslöffel Mehl
Fett, Zahnstocher
Salz, Pfeffer, Wasser

Lösung: ....

Rezept Nummer 4

1 kg rohe Kartoffeln
1 Teller gekochte Kartoffeln
0,25 l Milch
1 Ei
50 g Stärkemehl
Salz, Muskat, Fett

Lösung: ....

Rezept Nummer 5

500 ml Furchtsaft
500 g Zucker

Lösung: ....

Rezept Nummer 6

200 g Butter
200 g Zucker
200 g geriebene Mandeln
200 g Mehl
1 Kaffeelöffel Zimt
1 Prise gemahlene Nelken
2 Eigelb, etwas Eiweiß
200 g Himbeermarmelade

Lösung: ....

Rezept Nummer 7

250 g Nudeln
100 g Wurst
Wasser
1 Ei
1 Becher Sahne
Salz, Butter, Käse

Lösung: ....

Rezept Nummer 8

250 g Hackfleisch
1 Zwiebel
4 Paprika
1 Brötchen
1 Ei
Salz, Pfeffer, Fett

Lösung: ....

Rezept Nummer 9

1 kg Kartoffeln
Wasser
knapp 0,5 l Milch
etwas Butter
Salz, Pfeffer, Muskat

Lösung: ....

Rezept Nummer 10

250 g Mehl
2 Eier
0.375 l Milch
Salz, Fett

Lösung: ....

Rezept Nummer 11

500 g Rindfleisch in Stücken
1-2 Esslöffel Mehl
1 Esslöffel Tomatenmark
1 Zwiebel
Fett
Salz, Pfeffer, Paprika
1 Esslöffel Essig
Brühe, etwas Rotwein

Lösung: ....

Rezept Nummer 12

6 Eiweiß
500 g Puderzucker
500 g gemahlenen Haselnüsse
Vanille

Lösung: ....

Alle Rezepte außer Nummer 1: nach Luise Haarer: Kochen und Backen nach Grundrezepten. 23. Auflage. Schneider Verlag Hohengehren, Baltmannsweiler 1973
Fotos: privat

b) Bierwerbung

Schriftliches Rätsel, jeweils zu zweit oder dritt spielbar

Auch ohne weitere Vorbereitung als Vorleserätsel möglich

Kopiervorlage zum Downloaden (alternativ kann die Vorlage auf S. 46 kopiert werden)

Welcher dieser aktuellen oder älteren Slogans gehört zu welchem Bier? Auf dem Arbeitsblatt sind die Antworten vorgegeben und müssen lediglich richtig zugeordnet werden. Teilen Sie die Arbeitsblätter aus, sodass die Teilnehmer des Seniorenkreises zu zweit oder dritt das Rätsel lösen können. (Parallel zu diesem Rätsel können Sie an die Frauen auch das „Rezepte-Rätsel" verteilen").

Falls Sie das Rätsel vorlesen, geben Sie bei Bedarf weitere Tipps.

Auflösung

Bitte ein Bit – Bitburger
Mit Felsquellwasser gebraut – Krombacher
Wie das Land, so das Jever – Jever
Das einzig Wahre – Warsteiner
In Bayern daheim. In der Welt zu Hause. – Erdinger Weißbier
Das König der Biere – König Pilsener
Sail away – Beck's
Das Frische an Bayern – Franziskaner Weißbier
Das Bier für den Mann im Mann. – Karlsberg UrPils
Das Bier mit dem berühmten Brauwasser aus dem Schwarzwald. – Alpirsbacher Klosterbräu
Erfrischend echt! – Hasseröder Premium Pils
Fließend schwäbisch. – Schwaben Bräu
Schon immer besonders. – Radeberger Pilsner
Nicht immer, aber immer öfter – Clausthaler Alkoholfrei
Gut, besser, Paulaner. – Paulaner

1. Bitte ein Bit	
2. Mit Felsquellwasser gebraut	
3. Wie das Land, so das J…	
4. Das einzig Wahre	
5. In Bayern daheim. In der Welt zu Hause.	
6. Das König der Biere	
7. Sail away	
8. Das Frische an Bayern	
9. Das Bier für den Mann im Mann.	
10. Das Bier mit dem berühmten Brauwasser aus dem Schwarzwald.	
11. Erfrischend echt!	
12. Fließend schwäbisch.	
13. Schon immer besonders.	
14. Nicht immer, aber immer öfter	
15. Gut, besser, P…	

Namen der Brauereien in alphabetischer Reihenfolge

Alpirsbacher Klosterbräu, Beck's, Bitburger, Clausthaler Alkoholfrei, Erdinger Weißbier, Franziskaner Weißbier, Hasseröder Premium Pils, Jever, Karlsberg UrPils, König Pilsener, Krombacher, Paulaner, Radeberger Pilsner, Schwaben Bräu, Warsteiner

c) Essen und Trinken – Worte der Bibel „hebräisch" gelesen

Schriftliches Rätsel, jeweils zu zweit oder dritt spielbar

Kopiervorlage zum Downloaden (alternativ kann die Vorlage auf S. 48 kopiert werden)

Das Alte Testament ist in Hebräisch geschrieben. Bei dieser Sprache beginnen die einzelnen Sätze immer rechts oben auf einer Seite. Und so wird auch gelesen: von rechts nach links.

In diesem Rätsel muss man die Bibelverse „hebräisch" lesen, von rechts nach links – oder einfach ausgedrückt: Man muss sie rückwärts lesen.

Auflösung

Du bereitest vor mir einen Tisch im Angesicht meiner Feinde. (Psalm 23,5)
Dein Wort ward meine Speise, sooft ich's empfing. (Jeremia 15,16)
Im Schweiße deines Angesichts sollst du dein Brot essen. (1. Mose 3,19)
Solange die Erde steht, soll nicht aufhören Saat und Ernte (...). (1. Mose 8,22)
Ich will dich bringen in das Land, darin Milch und Honig fließt. (2. Mose 33,3)
Du gibst ihnen ihre Speise zur rechten Zeit. (Psalm 145,15)

.ednieF reniem thcisegnA mi hcsiT nenie rim rov tsetiereb uD

.gnifpme s'hci tfoos, esiepS eniem draw troW nieD

.nesse torB nied ud tsllos sthcisegnA senied eßiewhcS mI.

.(...) etnrE dnu taaS neröhfua thcin llos, thets edrE eid egnaloS

.tßeilf ginoH dnu hcliM nirad, dnaL sad ni negnirb hcid lliw hcI

.tieZ nethcer ruz esiepS erhi nenhi tsbig uD

d) Vorlesegeschichte: Hochzeits-Listen

Vorbemerkung

Im Mittelpunkt dieser Geschichte aus den unmittelbaren Nachkriegsjahren stehen Tante Lydia, eine energische Diakonisse mit dem Herz am rechten Fleck, und ihre Nichte, die kurz vor der Heirat steht. Tante Lydia wohnt auf der „Steinhalde" und bekommt normalerweise immer dienstags nachmittags Besuch von ihrer Nichte.

Die Erzählung beginnt mit einem Gespräch der jungen Nichte mit ihrer eigenen Mutter.

„Wie wollt ihr denn Hochzeit halten und einen Hausstand beginnen?", fragte meine Mutter sorgenvoll. „Hast du überhaupt eine Ahnung, was dazu gehört? Brautstaat, Bewirtung der Gäste, Ausstattung der Wohnung – ich kann schon kaum mehr schlafen, wenn ich daran denke. Hier habe ich einstweilen die Listen zusammengestellt ..." Und damit legte sie mir verschiedene Blätter vor, mit ihrer klaren und reinlichen Schrift übersichtlich beschrieben.

Die Liste der Gäste, die Speisekarte mit Angabe der dafür benötigten Lebensmittel, die zu beschaffenden Kleidungsstücke für die Braut, und – als längste Liste – was ich an Möbelstücken, Wäsche und Hausrat auch für einen bescheidensten Anfang ihrer Meinung nach unbedingt haben müsste. Sie wurde ganz lebhaft, während sie mir alles auseinandersetzte. Mir allerdings wurde ziemlich flau dabei, doch ich bemühte mich, es zu verbergen. „Ja, ja, ich sehe schon, da ist noch einiges zu tun – aber wir schaffen das schon, du wirst sehen!", tat ich zuversichtlicher, als mir zumute war, und nahm die Listen an mich.

Eine oder zwei Wochen war ich nicht auf die Steinhalde gekommen, doch dann nahm ich mir wieder die Zeit zu meinem Dienstagbesuch. Ich weiß nicht, was ich mir dabei dachte, aber jedenfalls nahm ich Mutters Listen mit – vielleicht wüsste Tante Lydia mir einen Rat!

„Das vordringlichste Problem", begann ich düster und suchte die Liste hervor, die mit „Brautkleidung" überschrieben war, „das ist die Frage, was ich anziehen soll. Also, wenn's nach mir ginge – ich hab ein nettes schwarzes Kammgarn-Kostüm, gut geschnitten, darin fühl ich mich immer pudelwohl, und auch Martin mag es gern. Aber was meine Mutter da aufgeschrieben hat – weißes Kleid, dazu Unterkleid, Schleier, weiße Strümpfe, weiße Schuhe –, meinst du wirklich, das muss sein?"

„Selbstverständlich muss es sein! Du sollst eine so schöne Braut sein wie jede andere."

Sie glänzte geradezu vor Tatkraft und Entschlossenheit. „Aber", gab ich zu bedenken, „zu kaufen gibt es von all diesen Dingen nichts, selbst wenn man Bezugscheine hätte. Beziehungen müsste man haben, und die haben wir nicht!"

„Beziehungen –?", sie blitzte mich unter gerunzelten Brauen an, „Beziehungen haben wir die besten, die man haben kann!" Ich verstand sofort, was sie meinte, und senkte beschämt den Blick. Doch sie fuhr in sachlichem Ton fort: „Ich werde den gesamten Brautstaat von einer sauberen jungen Frau ausborgen, die ungefähr von deiner Größe ist. Heute in einer Woche kommst du zum Abholen!"

„Meinst du wirklich, das geht –?" Ich schöpfte Hoffnung.

„Kleinigkeit!" Sie winkte mit der Hand ab.

Ich nahm die letzte meiner Listen zur Hand – aber es war die längste von allen, [mit] „Haushalt-Bedarf" überschrieben. Ich begann sie zu überfliegen, und meine Zuversicht schrumpfte wieder.

„Lies doch mal, was da aufgezählt ist", forderte meine Tante mich auf. Aber da hatte ich die Liste schon zurück in die Tasche gesteckt. „Das hat noch Zeit", sagte ich kleinlaut. „Nach der Hochzeit muss Martin eben noch einige Zeit allein in seiner Dachstube hausen, bis ich das Notwendige beisammen habe. Es wird sich schon finden."

„Ganz bestimmt", fügte Tante Lydia hinzu. „Aber hast du nicht auch eine Liste der Gäste?"

„Die hat meine Mutter, wegen der Einladungen."

„Hm – bist du sicher, dass auch die Verwandten vom Strohgäu darauf nicht vergessen sind?", fragte sie. „Du darfst auch die Verwandten deiner Großmutter nicht vergessen, in Schlierbach und Roßwälden", fuhr sie unbeirrt fort.

„Hör auf", stöhnte ich, „wo denkst du hin – es soll doch eine Hochzeit im engsten Kreis werden. Ich habe es meiner Mutter überlassen, die Gäste auszuwählen und einzuladen, sie wird das bestimmt richtig machen."

„Davon bin ich überzeugt", pflichtete sie mir bei. „Nur ein bisschen werde ich ergänzen müssen, denn sie kennt ja unsre Verwandtschaft kaum."

„Ich glaube nicht, dass da etwas zu ergänzen ist", beharrte ich. „Aber jetzt muss ich leider gehen. Nächste Woche komme ich dann also – meinst du wirklich, du schaffst es?"

„Du wirst schon sehen! Allein freilich nicht – aber du weißt ja, wir haben Beziehungen ..." Sie stand auf und riegelte die Tür ab, und ich wusste, was dies bedeutete: Wir knieten nieder, jeder vor seinem Stuhl, und dann betete sie in der ihr eigenen Weise, in kindlichem Vertrauen auf die Güte des himmlischen Vaters, und auch ich wurde darüber still und froh. „Dir, Vater, legen wir auch die Listen vor", schloss sie ihr Gebet. „Du wirst für alles sorgen. Gib, dass wir alles miteinander nicht gar zu wichtig nehmen, lass uns nie vergessen, dass du und dein Reich die Hauptsache bleibt."

„Kleinigkeit!", hatte sie gesagt, als sie es übernahm, die Brautkleidung zu beschaffen. Aber ich vermute, dass es sie manchen Gang gekostet hat.

Jedenfalls hatte sie alles beisammen, als ich wiederkam.

Der Hochzeitstag kam, mit strahlendem Sonnenschein.

Die Hochzeitsgäste hatten sich eingefunden und schickten sich an, zur Kirche aufzubrechen, da sah ich meine Mutter erbleichen: durchs offene Tor herein kam ein Omnibus mittlerer Größe gefahren und hielt. Ihm entstiegen stattliche Bauersleute, festlich gekleidet und gestimmt – Hochzeitsgäste aus dem Strohgäu! Ich hätte mich nicht gewundert, wenn Mutter umgesunken wäre. Und schon bog ein weiterer Omnibus in den Hof ein – aus Roßwälden!

Das Herz wollte mir stocken, als ich den stattlichen Hochzeitszug erblickte, der uns erwartete. Meine Mutter war noch blass und wie erstarrt. Aber Tante Lydia – ich sah es auf den ersten Blick – hatte bereits die Zügel in die Hand genommen. Sie ging von einem zum andern, und wo sie auftauchte, löste sich alle Förmlichkeit und Verkrampfung, wurde geplaudert und gelacht.

Der Gottesdienst war schlicht und feierlich und es wurde ein wirkliches Fest. Tante Lydia hatte die Küchenmädchen noch vor der Trauung angewiesen, weitere Gedecke aufzulegen, so viele nur Platz hätten. Nun füllten sich die Sitze mit Gästen.

Tante Lydia ordnete alles mit strategischem Weitblick. Sie war überall, begrüßte alle, stellte die Leute einander vor, wies ihnen Plätze zu. Sie hatte auch mit sicherem Blick erkannt, dass manche der ländlichen Gäste einen schönen weißbepuderten Gugelhopf in ihrer Reisetasche mitgebracht hatten, und sie sorgte dafür, dass diese Gebilde ans Licht kamen, dass sie von den Küchenmädchen auf Teller gesetzt, aufgeschnitten und herumgereicht wurden. Der ungewohnt kräftige Kaffee, und dazu solch ein Stück Gugelhopf, goldgelb von Eiern und mürb von Schmalz, dass er fast auf der Zunge zerging – das waren zu dieser Zeit für viele ganz unerhörte Genüsse.

Nachdem alles gesättigt war, breitete sich die angenehmste Behaglichkeit aus. Es wurden Ansprachen und Gedichte geboten, geistreich, witzig, gemütvoll – wie es bei solchen Anlässen üblich ist und man verabschiedete sich in der heitersten Stimmung.

Tante Lydia schien wunderbarerweise nicht einmal erschöpft. „Endlich finde ich dich – du hast dir ja deine Geschenke noch gar nicht angeschaut!" Und dabei fasste sie mich beim Arm und zog mich mit sich fort, zu unserem Wohnzimmer. Unterwegs aber hielt sie plötzlich an und fragte: „Wo hast du übrigens die Liste?"

„Liste?", fragte ich verständnislos.

„Ja, natürlich" – sie schüttelte ungeduldig den Kopf –, „da ist doch diese Liste mit dem Hausrat, den du für den Anfang brauchst!"

Ja, nun wusste ich, was sie meinte. Die Liste steckte – wo nur gleich?

Es half nichts, ich musste gehen und sie holen. Ich begriff nicht wozu, aber es sollte mir bald klar werden. Denn nun führte mich Tante Lydia vor die Anrichte im Wohnzimmer, und da stand ich stumm in völliger Verblüffung: Die Anrichte war über und über beladen mit einer Fülle von schönen und vor allem höchst nützlichen Geschenken.

Speisegeschirr, Kochtöpfe in verschiedenen Größen, Eimer, Besen, Putzlappen, eine Einkaufstasche, zwei elektrische Kochplatten, Bestecke, eine Backschüssel, eine Gugelhopfform – immer wieder entdeckte ich neue Schätze, und ich stand ganz überwältigt.

„Lies deine Liste ab", kommandierte Tante Lydia, „und alles, was da ist, wird abgehakt." Ich gehorchte benommen und las: „... Rührlöffel, Schneeschläger, Kuchengitter, Spülbürste ..." Und nach jedem Artikel rief Tante Lydia laut: „Hier!" und wies auf das betreffende Stück. Nur ein einziges Mal, als ich las „Teesieb“, da suchte sie eine Weile die Anrichte ab und musste schließlich zugeben: „Das fehlt.“

Wir waren fertig, und ich fand noch immer keine Worte. Tante Lydia sagte: „Nun kannst du deine Liste ruhig in den Papierkorb werfen. Das Teesieb behalten wir auch so im Kopf. Und was sagst du nun? Ist es nicht gerade so, als wenn du die Sachen einzeln bestellt hättest? Alles, was du brauchst, und kaum etwas doppelt – bis auf ein paar Kleinigkeiten, für die ich zufällig Verwendung habe!“ Sie wies mit einer flüchtigen Handbewegung auf ihre Ledertasche, die prall und verbuckelt seitwärts stand.

„Was soll man dazu sagen?“, murmelte ich überwältigt.

Da blickte sie mich mit ihrem eindringlichsten Gesicht an. „Es ist ein Wunder“, sagte sie. „Und es bleibt uns nichts, als dafür Danke zu sagen.“

Ja, es war ein Wunder. Nicht das einzige, das ich erlebt habe, aber eines der eindrücklichsten. Und sooft ich daran zurückdenke, sehe ich das Gesicht meiner Tante vor mir, wie sie ungewohnt feierlich zu mir sagte: „Lobe den Herrn, meine Seele, und vergiss nie, was er dir Gutes getan hat!“

Am Abend jenes Tages fiel mir plötzlich etwas ein und ich wandte mich lächelnd meiner Mutter zu: „Wie war das nun eigentlich – ich habe dich heute überhaupt nicht weinen sehen!“

Auch meine Mutter lächelte, ein wenig verlegen. „Du meine Güte – ich bin wahrhaftig gar nicht dazu gekommen! Übrigens“ – und sie war sichtlich froh, ablenken zu können –, „fast hätte ich es vergessen: die Frau unsres Hausmeisters hat mir vorhin noch was in die Hand gedrückt, es sei ein Geschenk für dich, aber nur ein ganz kleines. Pack es nur aus – sie hat sich sehr entschuldigt, dass sie nichts Besseres gefunden habe. Es sei …“

„Ein Teesieb!“, sagte ich und hielt das unscheinbare Ding in meiner Hand. Und da plötzlich kam es über mich …

„Aber was hast du denn?“, fragten sie mich alle erschrocken. Und meine Mutter sagte: „Sieh, jetzt bist du es noch selbst, die weint.“

Und dabei hatte ich doch wirklich keinen Grund dazu.

Elsbeth Walch

e) Gesprächsimpulse

- Wie sah Ihr allererster Hausstand aus?
- Welches Haushaltsgerät von damals haben Sie heute noch sehr gerne in Gebrauch?
- Welche Erinnerungen haben Sie an Ihren ersten Kühlschrank?
- Wie war es, als Sie Ihre erste Waschmaschine bekommen haben?
- Welches Rezept war früher in Ihrer Familie der absolute Hit?
- Welches Gericht haben Sie selbst immer total ungern gekocht?
- Verraten Sie einen ganz speziellen, persönlichen „Koch-Trick"?
- Wie erging es Ihnen in der Hungerzeit der Kriegs- und Nachkriegsjahre?

Fragen auch für Männer:

- Gibt es bestimmte Küchentätigkeiten, die Sie gerne machen?
- Was ist Ihr Lieblingsgericht? Und wann haben Sie es das letzte Mal gegessen?
- Erinnern Sie sich noch an Ihr allererstes Bier?

f) Angedacht: „Gebt ihr ihnen zu essen"

Jesus aber sprach zu ihnen: Gebt ihr ihnen zu essen. Sie sprachen: Wir haben nicht mehr als fünf Brote und zwei Fische. (Lukas 9,13)

Wir lesen das Wegzeichen „Zum Gasthaus" – und wir wissen: Das ist noch nicht das Gasthaus, sondern nur ein Zeichen. Auch Jesu Wunder sind Zeichen. Sie zeigen die Richtung, in die wir denken sollen. Zwar stillt die Speisung den Hunger der Fünftausend, aber sie ist auch ein Zeichen dafür, dass Jesus den Hunger der Seelen stillen will.

Auch die Jünger denken zunächst an die leeren Mägen. Was sie haben, wird ihrer Meinung nach nicht reichen. Aber Jesus bittet sie trotzdem, mit dem Austeilen zu beginnen. Sie können darauf vertrauen, dass keiner hungrig weggehen wird.

Noch haben sie nur begriffen, dass es um das tägliche Brot geht. Aber als Lukas die Geschichte aufschreibt, wissen die Christen schon, dass Jesus weit mehr auszuteilen hat. Bei ihren gemeinsamen Mahlzeiten teilen sie Brot und Wein aus. Aber der eigentliche

Gastgeber ist Jesus, und er gibt Anteil an seiner Liebe, an seinem Geist. Das ist das Brot, das nicht nur für den Tag reicht, sondern für das ganze Leben, das ewige Leben mit Gott.
Gerhard Rosenau

Schulzeiten

a) Der fehlerhafte Stundenplan

Schriftliches Rätsel, jeweils zu zweit oder dritt spielbar

Zwei unterschiedliche Kopiervorlagen zum Downloaden. (Zum korrekten Öffnen der Dateien ist es nicht nötig, dass Sie die entsprechenden Schriftfonts auf Ihrem Computer verfügbar haben. Alternativ können die Vorlagen von S. 57–58 kopiert werden.)

Dieses Rätsel ist etwas Besonderes, weil es Senioren mit einer Kompetenz wahrnimmt, die heute nicht mehr nachgefragt wird: dem Lesen und Schreiben von Sütterlinschrift. Lassen Sie den Teilnehmern genügend Zeit, sich wieder mit dieser Schrift vertraut zu machen, und seien Sie darauf gefasst, dass viele Gespräche entstehen.

Da unter Umständen aber nicht alle Senioren in Ihrem Kreis die Sütterlinschrift gelernt haben, gibt es das Stundenplanrätsel auch noch ergänzend in lateinischer Schreibschrift. In beiden Stundenplänen sind jeweils (dieselben) 24 Sinn- und Schreibfehler versteckt.

Zur Info: *Die Sütterlinschrift wurde als Schulausgangsschrift in verschiedenen Variationen und mit unterschiedlicher regionaler Verbreitung in den 1920er und 30er Jahren gelehrt. 1941 wurde sie verboten. Ab 1942 lernten Schüler als Schulausgangsschrift eine Variante der lateinischen Schreibschrift (Deutsche Normalschrift).*

Folgende 24 Sinn- und Schreibfehler sind jeweils in beiden Stundenplänen zu finden

♦ Folgschule: V statt F: Volksschule; ♦ Folgschule: k statt g: Volksschule; ♦ Folgschule: fehlendes s: Volksschule; ♦ Mondtag: d zu viel: Montag; ♦ Donnerstag und Mittwoch sind in der Reihenfolge vertauscht; ♦ Sonntag: falscher Wochentag, hier müsste Samstag stehen; ♦ im Supermarkt; ♦ Läsen: e statt ä; ♦ im Keller; ♦ Rechen: n fehlt: Rechnen; ♦ Handarbeiten Buben: Buben ist falsch, in der Zeit hatten Jungen keinen Handarbeitsunterricht; ♦ Computer spielen; ♦ Herrn van Gogh; ♦ Schlafen; ♦ in der Pfütze; ♦ 11.00 bis 8.00; ♦ Turenen; ein e zu viel: Turnen; ♦ Schraiben: e statt a; ♦ Fernsehen; ♦ Nachmiddags: tt statt dd; ♦ 14.00 bis 15.89; ♦ Lilli Marlen; ♦ 16. Klasse; ♦ 15 bis 16.00: zwei Nullen fehlen: 15.00 bis 16.00

Stundenplan der Folgschule Münchhausen

Stunde	Montag	Dienstag	Donnerstag	Mittwoch	Freitag	Sonntag
	Vormittags					
8.00 bis 9.00	Religion	Kochen Mäd. (im Supermarkt)	Religion	Lesen	Schreiben	Gesang (im Keller)
9.00 bis 10.00	Rechnen	Schreiben	Rechen	Religion	Gesang	Rechnen
10.00 bis 11.00	Handar= beiten (Buben)	Computer= spielen	Zeichnen (bei Herrn van Gogh)	Schreiben (nur die 16. Klasse)	Schlafen	Schwimmen Buben (in der Pfütze)
11.00 bis 8.00	Turenen (Buben)	Lesen	Schraiben	Fernsehen	Heimat= kunde	Lesen
	Nachmiddags					
14.00 bis 15.89	Gesang (bei Frau Lilli Marlen)			Handarbeit (Mädchen)		
15 bis 16.00	Heimat= kunde			Heimat= kunde		

Stundenplan der Folgschule Münchhausen

Stunde	Mondtag	Dienstag	Donnerstag	Mittwoch	Freitag	Sonntag
	Vormittags					
8.00 bis 9.00	Religion	Kochen/ Mädchen (im Supermarkt)	Religion	Läsen	Schreiben	Gesang (im Keller)
9.00 bis 10.00	Rechnen	Schreiben	Rechen	Religion	Gesang	Rechnen
10.00 bis 11.00	Handarbeiten (Buben)	Computer Spielen	Zeichnen (bei Herrn van Gogh)	Handarbeit (Mädchen)	Schlafen	Schwimmen (in der Pfütze)
11.00 bis 8.00	Turenen (Buben)	Lesen	Schraiben	Fernsehen	Heimatkunde	Lesen
	Nachmiddags					
14.00 bis 15.89	Gesang (bei Frau Lilli Marlen)			Schreiben (nur für die 16. Klasse)		
15 bis 16.00	Heimatkunde			Heimatkunde		

b) Jugendstreiche

Zum Vorlesen, keine Vorbereitung erforderlich

Bei diesem „Mehr-Satz-Rätsel“ sollten Sie nach jedem Satz eine deutliche Pause zum Nachdenken und Zurufen der möglichen Antworten machen. Vielleicht weiß jemand schon die richtige Antwort nach dem ersten oder zweiten Satz?

Nachdem die richtige Antwort gegeben wurde, lesen Sie bei Bedarf alles nochmals komplett vor. So kann jeder die einzelnen Sätze mit der Lösung vor Augen nachvollziehen.

Das Quiz eignet sich gut als Einstieg für eine ausführliche Gesprächsrunde zum Thema „Jugendstreiche“.

Erste Geschichte

Unsere Streiche haben es ganz schön in sich. Wir haben Hühner im Apfelbaum zur Strecke gebracht, einen Bachübergang angesägt, Maikäfer im Bett von Onkel Fritz versteckt und noch anderes mehr. Wir waren ganz schön frech und gar nicht zimperlich. Und ehrlich gesagt ging's auch böse für uns aus. Nach unserem siebenten Streich hieß es: „Gott sei Dank! Nun ist's vorbei mit der Übeltäterei.“

Max und Moritz: Eine Bubengeschichte in sieben Streichen, Wilhelm Busch, 1865

Zweite Geschichte

Über unseren Streich können unsere Mutter und unser Vater eigentlich nur froh sein. Denn schließlich gab es für unsere ganze Familie ein Happy End. Und ein bisschen hatten es unsere Eltern auch verdient, dass wir sie an der Nase herumführten. Schließlich hatten sie uns beiden jahrelang verschwiegen, dass jede von uns noch eine Schwester hat, eine Zwillingsschwester. Als wir beide uns zufällig in einem Ferienheim in den Alpen trafen, heckten wir den Plan aus, unsere Rollen zu vertauschen: Luise ging als Lotte nach München und Lotte als Luise nach Wien.

... aber das haben Sie inzwischen sicher schon erraten.

Das doppelte Lottchen, Erich Kästner, 1949

Dritte Geschichte

Ich habe ein Leben, wie es sich alle Kinder wünschen: Ich kann tun und lassen, was ich will. Niemand sagt mir, wann ich ins Bett gehen soll, und ich muss keinen Lebertran trinken, wenn ich viel lieber Bonbons esse.

Mir fallen viele lustige Dinge ein: Zum Beispiel putze ich mein Haus – die Villa Kunterbunt – ganz einfach: Ich schütte Wasser auf den Fußboden, binde mir an jeden Fuß eine Bürste – und schlittere wie beim Schlittschuhlaufen durchs ganze Haus.

Mit meinen Freunden Thomas und Annika erlebe ich viele lustige Geschichten. Und eines möchte ich auf keinen Fall: erwachsen sein.

Vielleicht wissen Sie schon, wer ich bin? Aber kennen sie auch meinen ganzen Namen?

Pippilotta Viktualia Rollgardina Pfefferminz Efraimstocher Langstrumpf, genannt Pippi Langstrumpf, Kinderbuchfigur von Astrid Lindgren

Vierte Geschichte

Meine Streiche waren Jugendstreiche – und doch wieder auch nicht. Denn ich war schon längst erwachsen und ein promovierter Schriftsteller, als ich sie meinen Lehrern spielte. Und dass ich zu diesen Lehrern in diese Schule ging – das war überhaupt mein größter Streich. Die Zeit dort hat mir ungeheuer viel Spaß gemacht. Ach ja: mein Name – Dr. Johannes Pfeiffer. Pfeiffer mit drei f.

Und jetzt wissen Sie sicher auch, in welchem Roman meine Abenteuer beschrieben werden.

Die Feuerzangenbowle: Eine Lausbüberei in der Kleinstadt, Heinrich Spoerl, 1933

Fünfte Geschichte

Ich bin etwas ganz Besonderes: Denn ich bin nicht als Baby zur Welt gekommen, sondern als kleiner Junge. Von Anfang an konnte ich sprechen, laufen – und Streiche spielen. Kaum hatte ich ein Paar Arme, habe ich auch schon meinem Vater Geppetto die Perücke vom Kopf gezogen. Im Gesicht habe ich eine ganz besondere Nase. Sie wächst, wenn ich lüge.

Pinocchio, Kinderbuchfigur von Carlo Collodi

Sechste Geschichte

Was ich gemacht habe, das kann man nicht mehr nur als Jugendstreiche bezeichnen. Es machte mir Spaß, Fliegen zu fangen und ihre Flügel auszureißen. Die Katzen habe ich geärgert und die Vögel habe ich ... na ja, ich habe ihnen den Garaus gemacht.

Eines Tages schlug ich einen Hund. Der fackelte nicht lange und biss mir ins Bein, ganz tief ins Fleisch hinein. Ich hatte starke Schmerzen und musste das Bett hüten. Der Hund dagegen saß an meinem Tisch und aß meinen Kuchen und meine Leberwurst.

Die Geschichte vom bösen Friederich, aus: Der Struwwelpeter, Heinrich Hoffmann, 1845

Siebte Geschichte

Auch ich habe so manche Streiche gespielt. Einmal habe ich sogar ein Kriegsschiff versenkt, die „Preußen". Natürlich war es kein richtiges Schiff, sondern ein Modellspielzeug für Kinder. Aber in die Luft geflogen ist es richtig, wie bei einer Seeschlacht – mit Pulver, Rauch und Krachbum. Arthur, dem das Schiff gehörte, fand das gar nicht lustig.

Aber so sind sie halt, die Preußen. Ganz anders wie wir Bayern.

Lausbubengeschichten, Ludwig Thoma, 1905

Achte Geschichte

Wir beide kommen aus St. Petersburg. Viele Abenteuer haben wir zusammen erlebt. Immer wieder waren wir in Gefahr. Dabei haben wir einige Verbrecher zur Strecke gebracht.

Aber wir haben auch handfeste Streiche gespielt. Einmal verbrachten wir eine Zeit lang auf einer einsamen Insel und spielten Piraten. Unsere Angehörige dachte, wir seien ertrunken. Dann kamen wir genau zu dem Zeitpunkt zurück, als alle zu unserer Trauerfeier beisammen waren.

Ach ja, unser St. Petersburg liegt übrigens am Mississippi.

Tom Sawyer und Huckleberry Finn, Die Abenteuer von Tom Sawyer, 1876, Die Abenteuer von Huckleberry Finn, 1884, Mark Twain

c) Biblisches Rechnen

Schriftliches Rätsel, jeweils zu zweit oder dritt spielbar

Kopiervorlage zum Downloaden (alternativ kann die Vorlage auf S. 63–64 kopiert werden)

Bibelkenntnisse – mal von einer anderen Seite. In die jeweils zweiten Spalten sind die gesuchten Zahlen einzutragen.

Antworten

♦ 6 Tage, 2 Personen, 3. Tag ♦ 5 kluge, 5 törichte Jungfrauen, 10 Aussätzige ♦ 14 Jahre, 2 Söhne von Rahel, 12 Söhne insgesamt ♦Psalm 23, 2 Bücher mit Frauennamen, 5 Bücher des Mose, Nehemia ist 16. Buch ♦ 6. Monat, 12 Jahre, 72 Jünger ♦ 40 Tage Regen, 40 Jahre Wüstenwanderung, 40 Jahre Regierungszeit, 12 Stämme, 10 Gebote ♦ 3 Weise, 3 Jünger, 3 Leidensankündigungen, 3 Verleugnungen, 12 Jünger ♦ 5000 Menschen, 4000 Menschen, 1000-jähriges Reich ♦ 15. Kapitel, 3 Briefe, 12 Körbe

		In wie vielen Tagen schuf Gott die Welt?
geteilt durch		Wie viele Personen lebten im Paradies?
Ergebnis		An diesem Tag ist Jesus auferstanden.

		Anzahl der klugen Jungfrauen in einem Gleichnis Jesu
plus		Anzahl der törichten Jungfrauen
Ergebnis		So viele Aussätzige wurden von Jesus in einer Geschichte geheilt.

		Wie viele Jahre diente Jakob, um seine geliebte Rahel heiraten zu können?
minus		Wie viele Söhne gebar Rahel später dem Jakob?
Ergebnis		So viele Söhne hatte Jakob insgesamt.

		In diesem Kapitel steht der Psalm vom guten Hirten.
minus		So viele Bücher in der Bibel sind nach einer Frau benannt.
minus		Anzahl der Bücher Mose
Ergebnis		Nehemia hat in der Reihenfolge der alttestamentlichen Bücher in der Lutherbibel diese Nummer.

		In diesem Monat war Elisabeth schwanger, als ein Engel bei Maria die Geburt Jesu ankündigte.
mal		So alt war Jesus, als ihn seine Eltern im Tempel in Jerusalem suchten.
Ergebnis		So viele Jünger sandte Jesus beim zweiten Mal aus.

		Wie viele Tage regnete es bei der Sintflut?
plus		Wie viele Jahre wanderte das Volk Israel durch die Wüste?
plus		Wie viele Jahre regierte David?
geteilt durch		Anzahl der Stämme Israels
Ergebnis		So viele Gebote gab Gott dem Mose auf dem Berg Sinai.

		Wie viele Weise kamen der Legende nach in den Stall von Bethlehem?
plus		Wie viele Jünger nahm Jesus mit auf den Berg der Verklärung?
plus		Wie oft kündigte Jesus sein Leiden an?
plus		Wie oft verleugnete Petrus Jesus?
Ergebnis		So viele Jünger hatte Jesus.

		So viele Menschen machte Jesus in einer Geschichte mit fünf Broten und zwei Fischen satt.
minus		So viele Menschen speiste Jesus in einer anderen Geschichte mit sieben Broten und ein paar Fischen.
Ergebnis		So lange dauert das Reich, das in der Offenbarung verheißen ist.

		Im wievielten Kapitel des Lukasevangeliums steht die Geschichte vom verlorenen Sohn?
minus		Wie viele Briefe des Johannes stehen im Neuen Testament?
Ergebnis		So viele Körbe mit Essen blieben bei der Speisung der Fünftausend übrig.

d) Vorlesegeschichte: Der Kirchendiener

Vorbemerkung

Albert Edward Foreman war Kirchendiener in der Londoner Kirche St. Peter. Er mochte diesen Beruf, den er seit 16 Jahren ausübte. Zuvor hatte er gute Stellungen als Diener und Butler in wohlhabenden Familien innegehabt.

Nun aber hatte ein neuer Vikar die Gemeinde übernommen und es wehte ein anderer Wind. So kam es, dass Albert Foreman eines Tages zu einem Gespräch mit dem Vikar und den beiden Kirchenvorstehern, einem Lord und einem General, gebeten wurde.

Der Vikar begann munter: „Foreman, wir haben Ihnen etwas ziemlich Unangenehmes zu sagen. Sie sind seit vielen Jahren hier, und ich glaube, Seine Lordschaft und der Herr General sind sich mit mir darin einig, dass Sie die Pflichten Ihres Amtes stets zur allgemeinen Zufriedenheit erfüllt haben."

Die beiden Kirchenvorsteher nickten.

„Aber vor ein paar Tagen ist mir ein merkwürdiger Umstand zur Kenntnis gekommen. Ich entdeckte zu meinem Erstaunen, dass Sie weder lesen noch schreiben können. Stimmt es tatsächlich, dass Sie sechzehn Jahre Kirchendiener gewesen sind und niemals lesen und schreiben gelernt haben?"

„Mylord, es geht auch so. Und in den letzten Jahren, seitdem es so viele Bilder in den Zeitungen gibt, kann ich mir ganz gut zusammenreimen, was vorgeht. Meine Frau ist sehr gebildet, und wenn ich einen Brief zu schreiben habe, schreibt sie ihn für mich."

Die beiden Kirchenvorsteher warfen dem Vikar bekümmerte Blicke zu und schauten dann auf den Tisch hinunter.

„Nun, Foreman, ich habe die Sache mit den Herren besprochen, und wir sind uns völlig einig, dass es so nicht weitergehen kann. In einer Kirche wie St. Peter können wir nicht einen Kirchendiener beschäftigen, der des Lesens und Schreibens nicht mächtig ist."

Albert Edwards schmales, farbloses Gesicht rötete sich, und er trat verlegen von einem Fuß auf den andern; aber er gab keine Antwort.

„Wir wollen nicht hart gegen Sie sein, Foreman", sagte der Vikar. „Aber die Herren Kirchenvorsteher und ich haben einen festen Entschluss gefasst. Wir wollen Ihnen drei Monate Zeit lassen. Wenn Sie nach Ablauf dieser Frist nicht Lesen und Schreiben gelernt haben, wird leider nichts anderes übrig bleiben, als dass Sie gehen."

„Ich bedaure, Sir, aber es hat keinen Zweck. Ich bin zu alt, um neue Kunststücke zu lernen. Ich habe so viele Jahre gelebt, ohne lesen und schreiben zu können, und ohne mich rühmen zu wollen – Eigenlob liegt mir fern –, kann ich doch sagen, dass ich stets meine Pflicht erfüllt habe, an dem Platz, an den es Gott gefallen hat, mich zu stellen. Und selbst wenn ich es heute noch lernen könnte – ich weiß nicht, ob ich es tun würde."

„Wenn es sich so verhält, Foreman, werden Sie leider gehen müssen."

„Jawohl, Sir, selbstverständlich. Ich werde glücklich sein, zurückzutreten, sobald Sie einen Ersatz für mich gefunden haben."

Aber als Albert Edward mit seiner gewohnten Höflichkeit die Kirchentür hinter dem Vikar und den beiden Kirchenvorstehern geschlossen hatte, konnte er den Schein von Würde, mit dem er den Schlag hingenommen hatte, nicht länger aufrecht erhalten, und seine Lippen zitterten.

Nachdem alles aufgeräumt war, zog er seinen Rock an und schloss die Kirchentür hinter sich zu. Tief in seinen traurigen Gedanken nahm er nicht den Weg, der ihn nach seiner Behausung führte, sondern bog in eine falsche Straße ein. Sein Herz war schwer. Der Gedanke, wieder Diener zu werden, lockte ihn nicht; nachdem er so viele Jahre sein eigener Herr gewesen war – denn der Vikar und die Kirchenvorsteher mochten sagen, was sie wollten – *er* war es gewesen, der St. Peter geleitet hatte –, konnte er sich kaum so tief sinken lassen, wieder eine Dienerstelle anzunehmen. Er hatte sich eine hübsche Summe erspart, aber nicht genug, um, ohne etwas zu tun, davon zu leben.

Er seufzte tief. Albert Edward war Nichtraucher und Antialkoholiker, aber mit einer gewissen Weitherzigkeit; das heißt, er trank gerne ein Glas Bier zum Mittagessen und gönnte sich, wenn er müde war, zuweilen eine Zigarette. Es fiel ihm ein, dass es ihn vielleicht auch jetzt trösten könnte zu rauchen, und er sah sich nach einem Laden um, in dem er ein Paket erstehen konnte. Er fand keinen und ging ein Stückchen weiter. Es war eine lange Straße mit vielerlei Läden, aber kein einziger war darunter, in dem es Zigaretten gab.

„Das ist doch merkwürdig", murmelte Albert Edward.

Um sich zu vergewissern, ging er noch einmal die Straße hinauf. Nein, es verhielt sich wirklich so.

„Ich kann nicht der einzige Mann sein", sagte er, „der diese Straße hinaufgeht und eine Zigarette haben möchte. Es müsste doch ein ganz gutes Geschäft sein, hier einen kleinen Laden aufzumachen. Tabak und Süßigkeiten vielleicht."

Er schlug sich mit der Hand an den Kopf.

„Das ist eine Idee!", rief er aus. „Komisch, wie einem so etwas einfällt, wenn man es am wenigsten erwartet."

Er überlegte sich die Sache von allen Seiten, und am nächsten Tage ging er wieder durch die Straße und hatte das Glück, einen kleinen Laden zu finden, der seinen Vorstellungen genau entsprach. Vierundzwanzig Stunden später hatte er ihn gemietet, und als er einen Monat darauf St. Peter für immer verließ, etablierte sich Albert Edward Foreman als Tabak- und Zeitungshändler.

Albert hatte sehr viel Erfolg. Er machte so gute Geschäfte, dass ihm nach einem Jahr einfiel, man könnte noch einen zweiten Laden dazunehmen und einen Verwalter hineinsetzen.

Er suchte wieder nach einer langen Straße, in der es noch kein Tabakgeschäft gab, und als er sie gefunden hatte, mietete er einen Laden und richtete ihn ein. Auch mit diesem hatte er Glück. Dann überlegte er, dass man ebenso gut ein halbes Dutzend Läden einrichten könnte, und so fing er an, London zu durchstreifen, und wo er eine lange Straße fand, in der es keinen Tabakhändler und einen Laden zu vermieten gab, errichtete er ein Geschäft. Im Laufe von zehn Jahren hatte er nicht weniger als zehn Läden und schaufelte Geld mit Scheffeln.

Jeden Montag machte er die Runde und holte überall die Wocheneinnahmen ab, um sie dann auf die Bank zu tragen. Eines Morgens nun, als er am Schalter erschien, um ein Bündel Banknoten und einen schweren Sack Silber einzuzahlen, teilte ihm der Kassierer mit, dass der Direktor ihn zu sprechen wünsche. Er wurde in ein Büro geführt, und der Direktor schüttelte ihm die Hand.

„Mr. Foreman, ich wollte mit Ihnen über das Geld sprechen, das Sie bei uns liegen haben. Ich dächte, es wäre vorteilhaft für Sie, wenn Sie es in Papieren anlegen würden. Wir werden gerne alles für Sie erledigen. Sie haben nichts weiter zu tun, als die Übertragungen zu unterschreiben."

„Das könnte ich schon“, meinte Albert unsicher. „Aber wie würde ich wissen, *was* ich unterschreibe?“

„Ich nehme an, dass Sie lesen können“, antwortete der Direktor etwas gereizt.

Mr. Foreman blickte ihn mit einem entwaffnenden Lächeln an.

„Das ist es ja, Sir. Ich kann weder lesen noch schreiben, bloß meinen Namen, und das habe ich gelernt, als ich Geschäftsmann wurde.“

Der Direktor war dermaßen überrascht, dass er vom Stuhl aufsprang.

„Das ist doch nicht Ihr Ernst?“

„Sehen Sie, ich hatte nie so richtige Gelegenheit, es zu lernen, bis es zu spät war. Und dann wollte ich einfach nicht mehr – es war eine Art Verstocktheit.“

Der Direktor starrte ihn an, als wäre er ein prähistorisches Ungeheuer.

„Sie behaupten also, dass Sie dieses bedeutende Geschäftsunternehmen aufgebaut und ein Vermögen von dreißigtausend Pfund erworben haben, ohne lesen und schreiben zu können? Guter Gott, Mann, was wären Sie heute, wenn Sie auch das noch gekonnt hätten?“

„Das kann ich Ihnen sagen, Sir“, antwortete Mr. Foreman, ein kleines Lächeln auf seinem aristokratischen Gesicht. „Ich wäre heute Kirchendiener von St. Peter.“

Somerset Maugham

e) Gesprächsimpulse

- Wie sah Ihre Schulausrüstung aus?
- Was war Ihr Lieblingsfach – und warum?
- Wie lief ein Schultag bei Ihnen ab?
- An welchen Lehrer aus der Schulzeit erinnern Sie sich besonders gern?
- Über welches Lob in der Schulzeit haben Sie sich sehr gefreut?
- Gibt es bei Ihnen Freundschaften aus der Schulzeit, die bis heute erhalten geblieben sind?
- Gibt es eine Erkenntnis, eine Einsicht, ein Wissen aus dem damaligen Unterricht, das Ihnen bis heute in guter Erinnerung ist?

- Hatten Sie kriegs- oder nachkriegsbedingt eine verkürzte Schulzeit und wie hat sich das auf Ihr weiteres Leben ausgewirkt? Konnten Sie den Beruf ergreifen, den Sie wollten? Wenn nicht, was wären Sie gerne geworden?
- Welche Streiche haben Sie anderen in Ihrer Kindheit und Jugendzeit gespielt – in der Schule, im Konfirmandenunterricht, in der Nachbarschaft?
- Über welchen Streich von damals können Sie noch heute herzlich lachen?
- Können Sie sich an einen Jugendstreich erinnern, dessen Ausgang Sie zum Nachdenken brachte?

f) Angedacht: Er hat uns allen wohlgetan

Es ist schon etwas mehr als ein halbes Jahrhundert her. Ich ging noch zur Grundschule. Das meiste vom damaligen Schulalltag habe ich vergessen. Aber diese eine Religionsstunde steht mir noch lebendig vor Augen.

Die Lehrerin erzählte, wie Jesus von Pilatus befragt und verhört wurde. Sie sprach sehr ernst und sehr eindringlich zu uns Kindern. Und am Schluss der Stunde mussten wir unsere Religionshefte hervorholen und abschreiben, was sie an die Tafel schrieb:

„Er hat uns allen wohlgetan,
den Blinden gab er das Gesicht,
die Lahmen macht' er gehend,
er sagt uns seines Vaters Wort,
er trieb die Teufel fort,
Betrübte hat er aufgericht',
er nahm die Sünder auf und an.
Sonst hat mein Jesus nichts getan."

Wie erstaunt war ich, als ich Jahre später zum ersten Mal die Matthäuspassion von Bach hörte, in der dieser Text als Rezitativ erklingt. Seither begleitet er mich in allem Auf und Ab des Lebens: Er hat uns allen wohlgetan, auch mir.
Heinz-Walter Siering

Zoobesuche

a) „Der große Preis" – Fische, Fische, Fische

Zum Vorlesen

Farbige Punkte-Vorlage zum Downloaden (alternativ kann die Vorlage auf S. 74 kopiert werden)

Overheadprojektor oder Plakat notwendig

Der Fisch ist schon seit frühchristlicher Zeit das geheime Erkennungszeichen der Christen. Der Grund ist ganz einfach: Der griechische Begriff für Fisch lautet ICHTHYS. Dieses Wort, das in der deutschen Umschrift sieben Buchstaben hat, besteht im alten Griechisch nur aus fünf Buchstaben. Die Buchstaben stehen als Abkürzung für das kurze zentrale Glaubensbekenntnis der Christen: I = Jesus, CH = Christus, TH = Gottes, Y = Sohn, S = Retter („Jesus Christus, Gottes Sohn, Retter").

Was liegt also näher, als sich auch einmal mit dem Thema „Fisch" zu beschäftigen?

Für dieses Spiel ist es gut, wenn Sie es zu dritt leiten: Einer stellt die Fragen und leitet das Quiz, ein Zweiter kreuzt die bereits gestellten Fragen auf der Punkte-Vorlage an, der Dritte notiert den Punktestand der verschiedenen Gruppen.

Kopieren Sie die Punkte-Vorlage auf ein großes Papier oder auf eine Overheadfolie.

Teilen Sie alle Besucher des Seniorenkreises in drei (maximal vier) Gruppen ein. Alle Gruppenmitglieder sollten beieinandersitzen.

Um möglichst viele Senioren am Mitraten zu beteiligen, empfiehlt sich eine Spielvariante, bei der jede Gruppe zu jeder Frage eine Antwort geben darf:

Gruppe 1 wählt eine beliebige Frage aus den verschiedenen Rubriken aus. Diese Frage wird vorgelesen. Jede Gruppe berät sich anschließend und darf dann antworten. Alle Gruppen mit der rich-

tigen Lösung bekommen den jeweiligen Punktewert der Frage gutgeschrieben. (Das bedeutet, dass der Punktewert der Frage in einer Runde mehrfach verteilt werden kann.) Danach darf sich die 2. Gruppe eine Frage aussuchen usw.

Bei einem „Joker" erhält diejenige Gruppe, die diese Frage ausgewählt hat, die Punktezahl „geschenkt". Die anderen Gruppen gehen leer aus.

Rubrik: Tiere

20-Punkte-Frage: Joker
40-Punkte-Frage: Welche zwei Kennzeichen müssen Tiere erfüllen, damit sie als Fische gelten?
Sie leben im Wasser und atmen durch Kiemen.
60-Punkte-Frage: Wo leben Silberfischchen?
Ein Silberfischchen ist ein flügelloses Insekt, das von seiner Form her Ähnlichkeit mit einem Fisch hat. Silberfischchen leben in Mitteleuropa in Häusern, etwa in Ritzen und Fugen.
80-Punkte-Frage: Welcher der folgenden Fische lebt nicht im Süßwasser: Wels, Zander, Makrele, Barbe?
Makrele
100-Punkte-Frage: Welches Tier ist der größte Fisch der Gegenwart?
Walhai. Er kann eine Länge von rund 14 m und ein Gewicht von über 12 t erreichen.

Rubrik: Musik

20-Punkte-Frage: Wie geht der Text weiter: „In einen Harung jung und schlank, der auf dem Meeresgrunde schwamm ..."?
... verliebte sich, o Wunder, 'ne olle Flunder ...
40-Punkte-Frage: Joker
60-Punkte-Frage: In diesem Schlager wird die tragische Geschichte beschrieben von zwei Fischern, die das gleiche Mädchen lieben. Die beiden Fischer fahren mit dem Boot hinaus und kommen nie mehr zurück. Wie lautet der Titel dieses Liedes?
Die Fischer von San Juan, gesungen u. a. von Andy Borg
80-Punkte-Frage: Zu welchem musikalischen Werk gehört der folgende Satz: „Und der Haifisch, der hat Zähne und die trägt er im Gesicht ..."?
Aus der Moritat von Mackie Messer, die wiederum Teil der „Dreigroschenoper" von Bertold Brecht ist.

100-Punkte-Frage: Unter welchem Namen ist das Klavierquintett in A-Dur von Franz Schubert auch bekannt?
Forellenquintett

Rubrik: Bibel

20-Punkte-Frage: Welcher Prophet verbrachte drei Tage im Bauch eines großen Fisches?
Jona
40-Punkte-Frage: Was machte Jesus mit fünf Broten und zwei Fischen?
Er machte damit fünftausend Menschen satt (vgl. Markus 6,30–44).
60-Punkte-Frage: Welchen Beruf hatten die Jünger Petrus, Andreas, Jakobus und Johannes?
Sie waren Fischer.
80-Punkte-Frage: An welchem Schöpfungstag schuf Gott die Fische?
Am 5. Tag.
100-Punkte-Frage: Joker

Rubrik: Essen

20-Punkte-Frage: Wie heißt ein in England sehr beliebtes Fast-Food-Gericht?
Fish and Chips
40-Punkte-Frage: Wie heißt der Fisch, für dessen Zubereitung man in Japan eine spezielle Lizenz braucht?
Fugu oder Kugelfisch. Der Kugelfisch hat hochgiftige Teile und muss deshalb sachverständig zubereitet werden. In Deutschland ist die Einfuhr des Kugelfisches zum Zwecke des Verzehrs verboten.
60-Punkte-Frage: Joker
80-Punkte-Frage: Schätzfrage: Wie viele Fischstäbchen isst jeder Deutsche im Durchschnitt in einem Jahr?
23. Dabei muss sich jeder Hersteller an festgelegte Maße halten: ein Fischstäbchen hat 9 cm lang zu sein, 2,6 cm breit und 1,1 cm hoch (Quelle: www.tiefkuehlkost.de/tiefkuehlwissen/wussten-sie-schon#wissen3).
100-Punkte-Frage: Welches Fischöl soll unter anderem zur Vorbeugung von Herzerkrankungen beitragen?
Lachsöl. Es besteht zu rund 30 % aus Omega-3-Fettsäuren-Resten.

Rubrik: Allerlei

20-Punkte-Frage: Wo wird die Frage gestellt: „Fischer, Fischer, wie tief ist das Wasser?"

In einem Kinderspiel.

40-Punkte-Frage: Was ist ein „Fischwirt"?

Ein „Fischwirt" ist ein anerkannter Ausbildungsberuf. Fischwirte züchten, halten und fischen Fische.

60-Punkte-Frage: Welche Stadt trägt einen Fisch im Wappen: München, Hamburg, Kaiserslautern oder Berlin?

Kaiserslautern. Es ist ein nach oben stehender Fisch – ein Karpfen oder ein Hecht, die Legende ist sich da unsicher.

80-Punkte-Frage: Joker

100-Punkte-Frage: Was ist ein „Zwiebelfisch"?

Der Begriff stammt aus dem Buchdruck. Er bezeichnet einzelne Buchstaben innerhalb eines Textes, die auf bestimmte Weise versehentlich falsch gesetzt sind, z. B. wenn in einem normal gedruckten Wort ein fettes a erscheint.

Fische

Tiere	Musik	Bibel	Essen	Allerlei
20	20	20	20	20
40	40	40	40	40
60	60	60	60	60
80	80	80	80	80
100	100	100	100	100

Quelle Zeichnungen: http://commons.wikimedia.org/wiki/File:Catfish_%28PSF%29.svg; http://commons.wikimedia.org/wiki/File:PSM_V16_D808_Common_poulpe.jpg?uselang=de; http://commons.wikimedia.org/wiki/File:Sea_Horse_2_PSF_S-820006.png; http://commons.wikimedia.org/wiki/File:NSRW_Starfish.png

b) Grand Prix der Tiermusik

Schriftliches Rätsel, jeweils zu zweit oder dritt spielbar

Auch ohne weitere Vorbereitung als Vorleserätsel möglich

Kopiervorlage zum Downloaden (alternativ kann die Vorlage auf S. 76–77 kopiert werden)

Das Rätsel handelt von Tieren, die in einem Zusammenhang zur Musik stehen.

Wurde nach einem Lied gefragt, können Sie die Melodie beim Auflösen der Frage kurz miteinander ansingen.

Auflösung

1. Bremen (Bremer Stadtmusikanten), **2.** Biene Maja, **3.** Camille Saint-Saëns, **4.** Hase (Ein Hase saß im tiefen Tal), **5.** Star („Alle Vögel sind schon da, alle Vögel alle. Amsel, Drossel, Fink und Star"), **6.** Maienzeit („Der Kuckuck und der Esel, die hatten einen Streit"), **7.** Glucke („Die Glucke führt ihr Völklein aus ...", aus: Geh aus, mein Herz, und suche Freud, EG 503.4), **8.** Wanze („Auf der Mauer, auf der Lauer sitzt 'ne kleine Wanze"), **9.** Löwe (Musical „Der König der Löwen"), **10.** Rösslein („Im Märzen der Bauer die Rösslein einspannt ...")

Lösungswort

Nachtigall

Grand Prix der Tiermusik

1. Nach welcher Stadt ist die bekannteste Musikgruppe des Tierreiches benannt?
2. Ein kleines Insekt erlangte Berühmtheit durch eine Zeichentrickserie und wurde von Karel Gott besungen. Wie ist sein Name?
3. Wer komponierte den „Karneval der Tiere"? Tragen Sie den Vornamen des Komponisten in die Kästchen ein.
4. In diesem Lied wird von dem wahnwitzigen Vorhaben eines Tieres erzählt, das ihn in 1000 Meter Höhe und in den Kerker bringt. Von welchem Tier ist die Rede?
5. „Alle Vögel sind schon da" heißt es in einem bekannten Lied. Welcher Vogel ist der Vierte?
6. Auch in der Tiermusik gab es schon einen Sängerwettbewerb. Ein gefiedertes und ein felliges Tier streiten darum, wer am besten singen kann. Zu welcher Zeit fand dieser Gesangswettkampf statt?
7. Wer führt in einem bekannten Lied von Paul Gerhardt „sein Völklein aus"?
8. Solange dieses Tier zu unserem Lied draußen auf der Mauer tanzt, ist es okay. Drinnen im Bett aber will man es nicht haben.
9. Es ist ein majestätisches Tier. Nach ihm ist ein bekanntes Musical benannt, das seit 2001 in Hamburg aufgeführt wird.
10. In einem Frühlingslied wird besungen, welche Tiere ein Bauer früher für die Feldarbeit brauchte.

c) Besuch im Bibelzoo

Zum Vorlesen, keine Vorbereitung erforderlich

In diesem Rätsel werden Tiere beschrieben, die in der Bibel vorkommen.

Lesen Sie zunächst einen Vers vor. Alle dürfen durch Zuruf mitraten. Geben Sie nach Bedarf Hilfestellung durch erneutes Vorlesen oder durch weitere Tipps. Nachdem die richtige Antwort gegeben wurde, ist es gut, den kompletten Vers erneut vorzulesen. So kann jeder die Lösung nachvollziehen.

Damals, in der besonderen Nacht,
als der wahre Hirte geboren wurde,
ließen wir sie gehen, unsere Hirten,
und blieben allein auf dem Feld.
Schafe (Weihnachtsgeschichte, Lukas 2,1–21)

Ich war ein wichtiger Bote.
In Gottes großer Rettungsaktion
brachte ich einen grünen Zweig –
ein Symbol des Friedens bis heute.
Taube (Geschichte von Noahs Arche, 1. Mose 8,8–12)

Teil eines großen Wunders zu sein,
das war uns vergönnt.
Fünf Brote, fünftausend Menschen und wir,
Jesu Segen machte es möglich.
Zwei Fische (Speisung der Fünftausend, Lukas 9,10–17)

Unser Ruf heute ist schlecht:
gierige Fresser in der globalisierten Welt.
In der Wüste damals bei Johannes
waren wir selbst die Nahrung.
Heuschrecken (Johannes der Täufer, Matthäus 3,4)

Entgegen anderslautenden Meinungen
waren wir nicht dabei
in der heiligen Nacht, im Stall.

Oder Lukas hat uns einfach vergessen ...
Ochs und Esel (Weihnachtsgeschichte, Lukas 2,1–21)

Stark bin ich und schnell.
Kraftvoll und mächtig
gebe ich Halt mit meinen großen Schwingen.
Ein Bild für Gottes Beistand auch heute.
Adler (z. B. 5. Mose 32,11; oder in: Lobe den Herren: „... der dich auf Adelers Fittichen sicher geführet“, EG 316.2)

Wir sind darin nicht zu finden –
in der Liste der reinen Tiere.
Doch wer Hunger leidet,
wünscht sich wenigstens unser Futter.
Schweine (Gleichnis vom verlorenen Sohn, Lukas 15,11–32)

Geschlagen wurde ich drei Mal.
Eigenwillig sei ich und stur.
Dabei habe ich mehr gesehen
und mehr verstanden als mein Herr.
Bileams Esel (4. Mose 22,21–34)

Eine Prinzessin kam nicht,
um uns zu küssen.
Wir aber gingen zum König, dem Pharao,
und brachten Verderben.
Frösche (Zweite Plage, 2. Mose 7,26–8,11)

Es war kein Schlaraffenland.
Es war staubige Wüste.
Und doch fiel das Essen vom Himmel.
Denn Gott sorgt für sein Volk.
Wachteln (Speisung des Volkes Gottes bei der Wüstenwanderung, 2. Mose 16)

Die junge Frau kam,
um uns zu tränken,
und sie fand
ihren Ehemann.
Kamele (Geschichte von Rebekka und Isaak, 1. Mose 24)

Als Rätsel dienten wir einstens:
„Speise ging aus vom Fresser
und Süßigkeit vom Starken."
Auch heute noch zu schwer zu erraten.
Bienen (in der Geschichte von Simson, Richter 14,8–20)

d) Vorlesegeschichte: Die Socken

Der Rentner Alois Neumaier war ein fleißiger, rechtschaffener Mieter und selbst die Frau Hausmeister, die im Parterre wohnte und den Hinterhof unter ständiger Kontrolle hielt, konnte nichts, gar nichts Anstößiges an seinem Verhalten finden. Das kleine Dachzimmer, das er seit Jahren bewohnte, hielt er in peinlicher Sauberkeit, das schmale Fenster war stets geputzt, und selbst wenn ihn einmal die große Hausordnung traf, konnte man sich darauf verlassen, dass man alles in reinlichem Zustand vorfand.

Umso erstaunter waren die Frau Hausmeister und bald auch die anderen Hausbewohner, als sie eines Tages feststellen mussten, dass die Ordnungsliebe des Herrn Neumaier in der letzten Zeit bedenklich ins Wanken geraten war. Man schüttelte zuerst nur den Kopf, sagte „ach nein" und „das habe ich aber nicht gedacht", schließlich überwachte man seine Schritte, fragte sogar die Kronenwirtin, ob Herr Neumaier nicht in letzter Zeit häufiger ..., lugte hinter dem Vorhang auf die Haustüre, wenn er heimkehrte, und als sich herausstellte, dass der Rentner auch jetzt keine Anzeichen eines geänderten Lebenswandels erkennen ließ, zuckte man die Schulter und stand vor einem Rätsel.

Ursache der ganzen Aufregung aber waren die Socken. Es waren ein paar dunkelgraue, grobe Socken, die Herr Neumaier wohl noch aus seiner Militärzeit hatte, denn sie waren an der Ferse stark verstopft, und man konnte nicht gerade sagen, dass ihr Anblick recht erbaulich gewesen wäre.

Um so ärgerlicher war es, dass ausgerechnet diese alten, verstopften Militärsocken nun schon seit vierzehn Tagen vor dem Fenster des Rentners hingen, ohne dass er es für nötig gefunden hätte, sie wieder zu entfernen.

„Es sieht weiß Gott nicht gut aus", sagte Frau Hausmeister zu ihrem Mann, „sie sind doch schon längst trocken."

„Was denn?", murmelte dieser zerstreut und blickte von der Zeitung auf.

„Ach – diese verdammten Socken von Neumaier." Die Hausmeisterin schielte empört aus dem Fenster nach der Dachkammer des Rentners. Natürlich, da hingen sie noch und baumelten vergnügt im warmen Sommerwind.

„Da soll doch der Kuckuck dreinfahren", giftete die Frau und schaute wütend auf ihren Mann, der gerade bei den Lokalnachrichten angelangt war. Der Hausmeister wiegte den Kopf. „Man soll's nicht glauben", brummelte er vor sich hin, „fünfundzwanzig Jahre ..."

Nun riss seiner Ehehälfte der Geduldsfaden. „Fünfundzwanzig Jahre noch werden die alten Socken vom Neumaier vor dem Fenster hängen, wenn du nicht gleich hochgehst und ihm sagst ..."

„Warum denn ich?", maulte der Hausmeister und suchte wieder die Nachrichten vom 25-jährigen Stiftungsfest des Kegelklubs „Gut-Holz", „immer soll ich den Dummen machen! Der Neumaier ist mir lieb und wert."

Die Hausmeisterin stemmte die prallen Arme in die Hüften. „Gut", sagte sie, „dann geh ich. Ihr Mannsbilder ..." Das Übrige konnte der Zeitungsleser nicht mehr verstehen, weil die Korridortüre mit lautem Knall zugeschlagen worden war.

Herr Neumaier öffnete einen Spalt. „Ah, Frau Hausmeister", sagte er freundlich, „kommen Sie rein, ich habe eine Überraschung für Sie."

„Herr Neumaier ...", wollte die resolute Frau gerade ihre Strafpredigt beginnen, aber der Rentner hatte den Finger auf den Mund gelegt und sie ins Zimmer hereingezogen. Ganz verzückt sah er aus, der Alte, als er die Hausmeisterin behutsam ans Fenster führte und leise, ja fast zärtlich sagte: „Schauen Sie mal!"

Die Hausmeisterin schaute, und vor ihrer Nase baumelten die alten, verstopften Socken des Herrn Neumaier. Sie sah den Mann an und wieder die Socken und dann, dann verzog sich auch ihr Gesicht und sie lächelte, lächelte wie der alte Rentner Neumaier: In dem rechten Socken hatte ein Vogel sein Nest gebaut und die Halsspitzen ragten oben heraus, und als die Frau behutsam auf einen Stuhl stieg, erblickte sie ein brütendes kleines Rotschwänzchen.

An diesem Tag wunderte sich der Hausmeister gleich zweimal: Einmal, weil es heute sein Lieblingsessen gab, und zum anderen, weil

die alten Socken immer noch vor dem Fenster des Herrn Neumaier baumelten.
Karl Hochmuth

e) Gesprächsimpulse

- Welches ist Ihr Lieblingstier?
- Welchen Tieren schauen Sie im Zoo besonders gerne zu?
- Hatten Sie in Ihrer Kindheit und Jugendzeit mit Landwirtschaft zu tun? Mit welchen Tieren sind Sie dabei in Kontakt gekommen? Welche Arbeiten haben Sie dabei gern/ungern gemacht?
- Haben oder hatten Sie ein Haustier?
- Vor welchen Tieren haben Sie Angst?
- Können Sie sich an ein besonderes Erlebnis mit einem Tier erinnern?

f) Angedacht: Auf dem Deich

Dumpf brütend wie jedes Mal, wenn ich erst kurz auf meiner Insel angekommen war, schritt ich langsam den einsamen Weg am Deich entlang.

Ich hatte mein Zwiegespräch mit Gott aufgenommen. Hier, wo mir keiner die Ohren vollplärrte, wo nur der Wind Geräusche macht und die ablaufende Flut hinter dem Deich. Hier breitete ich meine Sorgen und Nöte, meine Fragen und Zweifel vor Gott aus.

„Herr, ich fühle mich wie diese armen Schafe, die bei Wind und Wetter auf dem Deich leben müssen. Sie sind bedauernswert wie ich." Mein Selbstmitleid schwappte über mir zusammen. „Die armen Schafe, die armen Schafe ... ich armes Schaf."

Heiße Tränen rannen über mein Gesicht. Die Sonne war inzwischen hinter den dunklen Wolken verschwunden, wie in meinem Leben.

Sanfter Landregen vermischte sich mit meinen Tränen, als ich endlich meine Ferienwohnung erreichte. Erschöpft fiel ich in einen tiefen Schlaf.

Am nächsten Morgen fand ich Herrn Petersen im Stall. Der alte Friese war mit seinen Schafen beschäftigt.

Ich wagte ihn anzusprechen. „Herr Petersen, ich bedaure diese armen Schafe, die bei jedem Wind und Wetter auf dem Deich stehen müssen.“ Langsam drehte er sich mir zu und lächelte erstaunt. „Tja, min Fru Lauffer, dat sehen Sie falsch. Dat sin man nur die gesunden einjährigen Schafe, die halten das gut aus. Die Lämmer, die kranken Schafe und die Mutterschafe sind entweder hier im Stall oder auf der geschützten Weide am Haus.“

Das war die Predigt, die *notwendig* war. Durch diese Aussage zeigte Gott mir, was er für mich bereithielt: Es war eine Auszeichnung, ein Vertrauen, dass Gott mir diesen Lebensweg zugemutet hatte; einen Lebensabschnitt, wo ich das Gefühl hatte, dass Wind und Wetter mir fast den Atem nahmen.

Krankheitsnot, finanzielle Sorgen und Anfechtungen konnten mich nicht umwerfen. Sie haben mich erstarken lassen. Gott hat mich im Blick und nimmt mich zur rechten Zeit auch mal vom Deich.

Danke, Jesus.

Ruth Lauffer

Kulturreisen

a) Rätselreise ins Land der Dichter und Denker – die Rätsel der Turandot

Zum Vorlesen, keine Vorbereitung erforderlich

Prinzessin Turandot prüfte alle Ehekandidaten mit drei Rätseln. Wer die Rätsel nicht lösen konnte, wurde geköpft. Friedrich Schiller verarbeitete den Stoff in seinem Stück „Turandot, die Prinzessin von China". Entsprechend der Geschichte enthält das Stück drei Rätsel. Um den Zuschauern aber den Besuch weiterer Vorstellungen schmackhaft zu machen, dichtete Schiller noch mehr Rätsel, die dann bei den weiteren Vorstellungen zum Einsatz kamen. Insgesamt gibt es 15 Turandoträtsel, eines davon stammt von Johann Wolfgang von Goethe.

Diese Rätsel sind sehr anspruchsvoll. Stellen Sie deshalb nicht mehr als drei hintereinander. Geben Sie nach Bedarf Hilfestellungen und wiederholen Sie einzelne Abschnitte. Lesen Sie nach der Auflösung nochmals das ganze Gedicht mit ein paar passenden Erklärungen vor.

Erstes Rätsel

Wie heißt das Ding, das wen'ge schätzen,
Doch ziert's des größten Kaisers Hand,
Es ist gemacht, um zu verletzen,
Am nächsten ist's dem Schwert verwandt.
Kein Blut vergießt's und macht doch tausend Wunden,
Niemand beraubt's und macht doch reich,
Es hat den Erdkreis überwunden,
Es macht das Leben sanft und gleich.
Die größten Reiche hat's gegründet,
Die ältsten Städte hat's erbaut,
Doch niemals hat es Krieg entzündet,
Und Heil dem Volk, das ihm vertraut.
Antwort: Pflug

Zweites Rätsel

Von Perlen baut sich eine Brücke
Hoch über einen grauen See,
Sie baut sich auf im Augenblicke,
Und schwindelnd steigt sie in die Höh.
Der höchsten Schiffe höchste Masten
Zieh'n unter ihrem Bogen hin,
Sie selber trug noch keine Lasten,
Und scheint, wie du ihr nahst, zu fliehn.
Sie wird erst mit dem Strom und schwindet
Sowie des Wassers Flut versiegt.
So sprich, wo sich die Brücke findet,
Und wer sie künstlich hat gefügt?
Antwort: Regenbogen

Drittes Rätsel

Ich wohne in einem steinernen Haus,
Da lieg' ich verborgen und schlafe,
Doch ich trete hervor, ich eile heraus,
Gefordert mit eiserner Waffe.
Erst bin ich unscheinbar und schwach und klein,
Mich kann dein Atem bezwingen,
Ein Regentropfen schon saugt mich ein,
Doch mir wachsen im Siege die Schwingen,
Wenn die mächtige Schwester sich zu mir gesellt,
Erwachs' ich zum furchtbarn Gebieter der Welt.
Antwort: Funke und Feuersbrunst

Viertes Rätsel

Zwei Eimer sieht man ab und auf
In einem Brunnen steigen,
Und schwebt der eine voll herauf,
Muß sich der andre neigen.
Sie wandern rastlos hin und her,
Abwechselnd voll und wieder leer,
Und bringst du diesen an den Mund,
Hängt jener in dem tiefsten Grund,
Nie können sie mit ihren Gaben
In gleichem Augenblick dich laben.

Antwort: Tag und Nacht

Fünftes Rätsel

Ein Vogel ist es, und an Schnelle
Buhlt es mit eines Adlers Flug,
Ein Fisch ist's und zerteilt die Welle,
Die noch kein größres Untier trug,
Ein Elefant ist's, welcher Türme
Auf seinem schweren Rücken trägt,
Der Spinnen kriechendem Gewürme
Gleicht es, wenn es die Füße regt,
Und hat es fest sich eingebissen
Mit seinem spitz'gen Eisenzahn,
So steht's gleichwie auf festen Füßen
Und trotzt dem wütenden Orkan.
Antwort: Das Schiff, das durch die Meere fliegt.

Sechstes Rätsel

Es führt dich meilenweit von dannen
Und bleibt doch stets an seinem Ort,
Es hat nicht Flügel auszuspannen,
Und trägt dich durch die Lüfte fort.
Es ist die allerschnellste Fähre,
Die jemals einen Wandrer trug,
Und durch das größte aller Meere
Trägt es dich mit Gedankenflug,
Ihm ist ein Augenblick genug!
Antwort: Fernrohr

Siebtes Rätsel

Auf einer großen Weide gehen
Viel tausend Schafe silberweiß,
Wie wir sie heute wandeln sehen
Sah sie der allerältste Greis.
Sie altern nie und trinken Leben
Aus einem unerschöpften Born,
Ein Hirt ist ihnen zugegeben
Mit schön gebognem Silberhorn.
Er treibt sie aus zu goldnen Toren,

Er überzählt sie jede Nacht,
Und hat der Lämmer keins verloren,
So oft er auch den Weg vollbracht.
Ein treuer Hund hilft sie ihm leiten,
Ein muntrer Widder geht voran.
Die Herde, kannst du sie mir deuten,
Und auch den Hirten zeig mir an.
Antwort: Sterne am Himmel, Mond

Achtes Rätsel

Es steht ein groß geräumig Haus
Auf unsichtbaren Säulen,
Es mißt's und geht's kein Wandrer aus,
Und keiner darf drin weilen.
Nach einem unbegriffnen Plan
Ist es mit Kunst gezimmert,
Es steckt sich selbst die Lampe an,
Die es mit Pracht durchschimmert.
Es hat ein Dach, kristallenrein,
Von einem einz'gen Edelstein,
Doch noch kein Auge schaute
Den Meister, der es baute.
Antwort: Himmelszelt

Neuntes Rätsel

Wir stammen, unsrer sechs Geschwister,
Von einem wundersamen Paar,
Die Mutter ewig ernst und düster,
Der Vater fröhlich immerdar.
Von beiden erbten wir die Tugend,
Von ihr die Milde, von ihm den Glanz;
So drehn wir uns in ew'ger Jugend
Um dich herum im Zirkeltanz.
Gern meiden wir die schwarzen Höhlen,
Und lieben uns den heitern Tag,
Wir sind es, die die Welt beseelen
Mit unsers Lebens Zauberschlag.
Wir sind des Frühlings luft'ge Boten,
Und führen seinen muntern Reihn,

Drum fliehen wir das Haus der Toten,
Denn um uns her muß Leben sein.
Uns mag kein Glücklicher entbehren,
Wir sind dabei, wo man sich freut,
Und läßt der Kaiser sich verehren,
Wir leihen ihm die Herrlichkeit.
Antwort: Es sind die Farben, die Kinder des Lichts und der Nacht.

b) Mit Volksliedern unterwegs

Schriftliches Rätsel, jeweils zu zweit oder dritt spielbar

Auch ohne weitere Vorbereitung als Vorleserätsel möglich

Kopiervorlage zum Downloaden

Es gibt viele Volkslieder zum Thema „Reisen und Wandern". Hier sind aus den ersten Strophen verschiedener Lieder jeweils vier Stichworte aufgeführt. Anhand dieser Begriffe soll nun das Lied erraten werden. Lesen Sie bei der Auflösung die komplette Strophe vor. Vielleicht haben Sie auch Lust, einige dieser Strophen miteinander anzusingen?

1. Wandern – Lust – schlechter – niemals
2. Schwager – Horn – Auen – Ährengold
3. Vater – Blut – wandre froh – Hut
4. Jäger – Wald – lustig – Heid
5. erweisen – Welt – Wunder – Feld
6. Saale – Burgen – Dächer – zerfallen
7. Sonn – Wald – Lüftchen – Lerchen
8. blau – grün – Edelstein – Sonnenschein
9. Zeit – Freud – Fahrt – Leben
10. Gipfelkreuz – Sehnsucht – Berge – Höhen
11. lustig – schön – Länder – andre
12. reiste – Jüngsten – Stunde – köstlich
13. Zeit – weit – finden – Linden

Auflösung

1. Das **Wandern** ist des Müllers **Lust**, das Wandern ist des Mülles Lust, das Wandern. Das muss ein **schlechter** Müller sein, dem **niemals** fiel das Wandern ein, dem niemals fiel das Wandern ein, das Wandern ein.
2. Hoch auf dem gelben Wagen, sitz ich beim **Schwager** vorn. Vorwärts die Rosse traben, lustig schmettert das **Horn**. Berge, Täler und **Auen**, leuchtendes **Ährengold**: Ich möchte so gerne noch schauen, aber der Wagen, der rollt.
3. Mein **Vater** war ein Wandersmann und mir steckt's auch im **Blut**, drum **wand'r** ich **froh**, so lang ich kann, und schwenke meinen **Hut**. Valerie ...
4. Ein **Jäger** aus Kurpfalz, der reitet durch den grünen **Wald**, er schießt das Wild daher, gleich wie es ihm gefällt. Juja, juja, gar **lustig** ist die Jägerei allhier auf grüner Heid, allhier auf grüner **Heid**.
5. Wem Gott will rechte Gunst **erweisen**, den schickt er in die weite **Welt;** dem will er seine **Wunder** weisen in Berg und Tal und Strom und **Feld**.
6. An der **Saale** hellem Strande stehen **Burgen** stolz und kühn. Ihre **Dächer** sind **zerfallen**, und der Wind streicht durch die Hallen. Wolken ziehen drüber hin.
7. Wer recht in Freuden wandern will, der geh der **Sonn** entgegen! Da ist der **Wald** so kirchenstill, kein **Lüftchen** mag sich regen. Noch sind nicht die **Lerchen** wach, nur im hohen Gras der Bach singt leise den Morgensegen.
8. Wohlauf in Gottes schöne Welt, lebe wohl ade! Die Luft ist **blau** und **grün** das Feld, lebe wohl ade! Die Berge glühn wie **Edelstein**, ich wandre mit dem **Sonnenschein**. Lalalalalalala ins weite Land hinein.
9. Auf, du junger Wandersmann, jetzo kommt die **Zeit** heran, die Wanderzeit, die gibt uns **Freud**. Woll'n uns auf die **Fahrt** begeben, das ist unser schönstes **Leben**; große Wasser, Berg und Tal anzuschauen überall.
10. Wenn wir erklimmen schwindelnde Höhen, steigen dem **Gipfelkreuz** zu, in unsern Herzen brennt eine **Sehnsucht**, die lässt uns nimmermehr in Ruh. Herrliche **Berge**, sonnige **Höhen**, Bergvagabunden sind wir, ja wir.

11. Eine Seefahrt, die ist **lustig**, eine Seefahrt, die ist **schön**, denn da kann man fremde **Länder** und noch manches **andre** sehn. Hollahi, hollaho ...
12. Bolle **reiste** jüngst zu Pfingsten, nach Pankow war sein Ziel. Da verlor er seinen **Jüngsten** ganz plötzlich im Gewühl. Ne volle halbe **Stunde** hat er nach ihm gespürt. Aber dennoch hat sich Bolle ganz **köstlich** amüsiert.
13. Kein schöner Land in dieser **Zeit** als hier das unsre **weit** und breit, wo wir uns **finden** wohl unter **Linden** zur Abendzeit.

c) Gegenstände von gestern und heute

Zum Vorlesen, keine Vorbereitung erforderlich

Auch früher haben sich Menschen schon gerne mit Rätseln vergnügt. Die folgenden Fragen stammen aus einem Rätselbuch von 1874, in dem übrigens auch etliche Rätsel zu finden sind, die heute noch gerne gestellt werden („Das deutsche Räthselbuch" von Karl Simrock).

Die Fragen sprechen altes Erfahrungswissen von Senioren an. Gehen Sie während des Spiels in einem angemessenen Zeitrahmen auf die Beiträge der Senioren ein oder nutzen Sie die Fragen als Einstieg für eine ausführliche Gesprächsrunde.

Welche Uhr hat keine Räder?
Die Sonnenuhr und die Sanduhr

Ich hab keine Füße
und geh doch auf und ab
und beiße mich immer tiefer ein,
bis ich mich durchgebissen hab.
Die Säge

Sitzt ein Männchen auf dem Dach,
raucht ein Pfeifchen Rauchtabak.
Der Schornstein

Ich bin ein armer Bauer, habe niemals Sünde getan und bin doch gehängt worden.
Der Vogelbauer

Lauf ich bald hier, bald dort hin,
so tu ich meine Pflicht;
wenn ich an meinem Ort bin,
tu ich sie nicht.
Der Wagen

Es geht ein Ding zum Tor hinaus,
reckt die Hörner hinten hinaus.
Der Pflug

Was wäscht Tag und Nacht und wird immer schwärzer?
Das Wasserrad

Eine Mühle wohlbekannt
wird getrieben ohne Hand,
ohne Wasser, ohne Wind;
dennoch läuft sie sehr geschwind.
Die Mühle ließe mancher liegen,
könnt' er die Müllerin nur kriegen.
Das Spinnrad

Ein langer langer Vater,
eine lange lange Mutter
und viele viele Kinder.
Die Leiter

Es kommt vom Leben,
hat kein Leben
und kann doch jedem Antwort geben.
Die Schreibfeder

In der Weid ist eine Hasel,
in der Hasel eine Eiche,
in der Eichen ein Mann,
der die Leute zum Narren machen kann.
Das Weinfass

Ein klein Stühlchen
ein Fett Pfühlchen,
ein langer Darm.
Die Öllampe

Es springen vier Brüder hinter einander
und springt einer so weit wie der ander
und fängt keiner den andern.
Die Haspel

Es ist voll so schwer,
als wär' es leer.
Der Blasebalg

Ich bin bald groß, bald klein,
hab einen runden Bauch
und bin überall im Gebrauch.
Man hängt mich auf ins Feuer,
mauert mich auch gar ein,
und bin ich alt, lässt man mir den Bauch flicken,
sonst fall ich in Stücken.
Der Kessel

Was geht quer auf dem Kopf in die Kirche?
Die Haarnadel

Alternativen:
Es geht durch alle Lande
und bleibt doch stets an einer Statt.
Die Karrennabe

Zwei kleine mit zwei großen
laufen auf allen Straßen;
laufen die großen auch noch so sehr,
die kleinen kommen doch noch ehr.
Die vier Wagenräder

Sind mehr als hundert Geschwisterli,
de eine schenkt dem andere i,
sie dürstend all und alle,
der letzti lohts doch falle.
Die Dachziegel

Oben schwarz und unten schwarz,
außen schwarz und innen schwarz
und steht auf halber sechse.
Dreibeiniger Kochtopf

Krummholz hält Geradholz,
Gradholz hält Pisewippop,
Pisewippop hält Leib und Seele zusammen.
Ein Fass Bier

Pech liegt in Eiche,
Eiche liegt in Birke.
Ein Bierfass

Auf drei Füßen steh ich,
mit vier Füßen geh ich,
Öl statt Wasser sauf ich.
Das Spinnrad

Nach dem Tode ward es stark,
macht manchen großen Markt;
zu Gut und Bös ist es bereit,
schafft einem Freud, dem andern Leid.
Die Schreibfeder

d) Vorlesegeschichte: Umgehängt

Eine Freundin plante eine Ausstellung ihrer Bilder und Skulpturen. Mein Mann und ich boten ihr beim Aufhängen der Bilder unsere Hilfe an. Laien wie wir sehen natürlich nicht, wie eine Künstlerin sieht. Allein das Auswählen der Bilder, die Zusammenstellung nach Thema, Farbe und Größe, ist eine Arbeit für sich.

Mein Mann und ich hängten ein schönes großes Bild mit einer Sonne in verschiedenen roten Farbtönen quer an einer Stellwand auf. Von unserem Kunstverständnis ausgehend, hing es so gut.

Als die Künstlerin nach Abschluss der Vorbereitungen nochmals in aller Ruhe ihre Bilder durchging, bemerkte sie, dass dieses Bild falsch aufgehängt war. Nun hängten wir es um. Durch die neue Ansicht im Längsformat ging von dem Bild eine viel größere Ausstrahlung aus. Selbst wir Laien nahmen dies sofort wahr.

Darüber musste ich in späteren Zeiten immer wieder nachdenken. Wie oft hänge ich in Gedanken ein Bild von „Dem" oder „Jenem" quer auf, das eigentlich längs hängen sollte. Es könnte doch sein, dass durch ein Umhängen-Umdenken manches ganz

anders herauskommt und man viel Schönes daran entdecken kann. Damit dieses Umhängen-Umdenken immer wieder gelingen kann, brauchen wir Menschen, die uns dabei helfen. Diese Hilfe ist nicht ganz schmerzfrei, aber man sollte trotzdem dankbar dafür sein.
Maria Schwinn

e) Gesprächsimpulse

- Haben Sie ein Lieblingsgedicht?
- Haben Sie selbst schon einmal gedichtet? Schreiben Sie kleine Erlebnisse gerne auf?
- Welche Musik (Komponisten, Interpreten) hören Sie besonders gerne?
- Spielen Sie selbst ein Instrument? Wenn nicht, hätten Sie gerne eines gelernt? Welches?
- Erinnern Sie sich an Ihren ersten Theaterbesuch?
- Haben Sie ein kreatives Hobby – z. B. Malen, Basteln, Handarbeiten, Schreinern, eine Modelleisenbahn?
- Waren Sie schon einmal auf einer Vernissage?
- Welche Bedeutung hat „Kultur“ für Ihr Leben – Literatur, Musik, Malerei?
- Haben Sie ein altes Werkzeug aufbewahrt, das heute nicht mehr benutzt wird?

f) Angedacht: Unzerstörbar

Folgende Begebenheit ereignete sich vor einigen Jahren in der damaligen Sowjetunion: Eine Schulklasse kommt nach Petersburg (damals noch Leningrad), um die berühmte Gemäldesammlung der sog. „Eremitage“ zu besuchen. Staunend ziehen die Schüler an den zahlreichen Bildern vorüber. Plötzlich fällt ihr Blick auf ein altes Gemälde von Rembrandt. Es zeigt den verlorenen Sohn, der heimkehrt zu seinem Vater. Wie gebannt starren die Schüler auf diese Szene. „Wer ist das?“, fragen sie ihre Lehrerin. Sie haben offenbar noch nie etwas von der Bibel gehört. Da erzählt ihnen die Lehrerin, selber Atheistin, die Geschichte vom verlorenen Sohn. Sie erzählt sie in allen Einzelheiten: wie der Sohn in die Fremde zieht, wie er fern vom Vater dahinvegetiert und wie ihn schließlich der Vater mit offenen Armen empfängt. Die Schüler spitzen die Ohren. Mitten im Stimmengewirr der vorüberziehenden Menschen hören sie die Frohe Botschaft, vermittelt durch ein altes Bild und durch die Erzählung einer atheistischen Lehrerin.

Wenn Gottes Wort heute diese Kraft hat, warum zögere ich, mich ganz auf dieses Wort zu verlassen?

Wetterkapriolen

a) Europa von oben – bei jedem Wetter

Powerpoint-Präsentation zum Downloaden

Jeweils ein Satellitenfoto von einem Teil Europas ist zu sehen. Lassen Sie die Besucher des Seniorenkreises in aller Ruhe raten. Bremsen Sie die ganz Schnellen, damit auch Langsamere eine Chance zum Nachdenken haben.

Die Handhabung der Präsentation und der Ablauf des Ratespiels sind völlig unkompliziert und auch für „Neueinsteiger" gut geeignet (siehe S. 13). Die Auflösung ist in den Ablauf der Präsentation integriert.

Beispiele

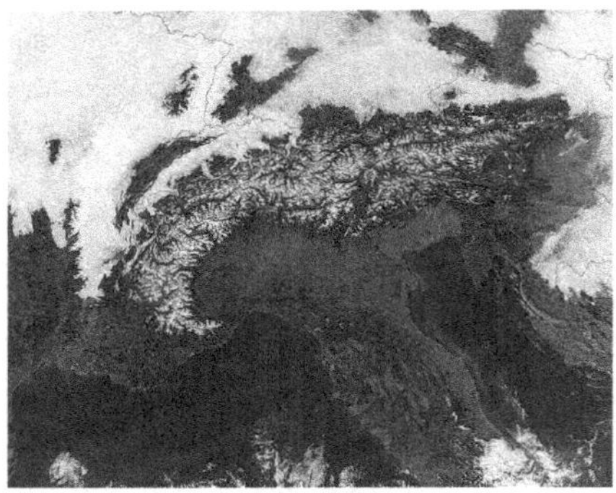

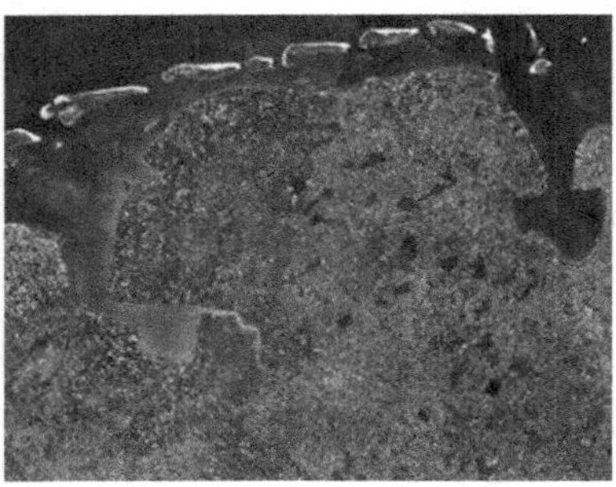

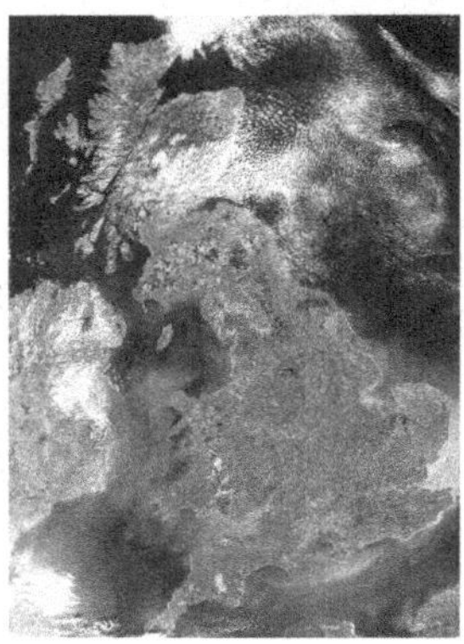

b) Historische Wetterkunde

Zum Vorlesen, keine Vorbereitung erforderlich

Diese Rätsel stammen aus einer alten Rätselsammlung von 1874 („Das deutsche Räthselbuch" von Karl Simrock).

Er geht durchs Fenster und zerbricht es nicht.
Der Sonnenschein

Sie laufen bis an der Welt Ende und haben doch keine Füße.
Die Wolken

Welches ist die ungestümste Braut?
Die Windsbraut

Warum regnet es nie zwei Tage nacheinander?
Weil eine Nacht dazwischen ist.

Ich bin sehr kalt und erwärme doch, was sonst sterben muss.
Der Schnee

Was geht übers Wasser und wird nicht nass?
Die Sonne

Welches ist das seichteste und breiteste Wasser?
Der Tau

Wer baut Brücken ohne Holz?
Der Winter stolz

Ein Tal voll und ein Land voll
und am End ists keine Hand voll.
Der Nebel

Es wurzelt gen Himmel und wächst zur Erde.
Eiszapfen

Welches Ding kann unter freiem Himmel von der Sonne nicht beschienen werden?
Der Schatten

Die Mutter gebar mich, aber bald darauf gebar ich die Mutter wieder.
Das Eis

Hoch auf sitz ich,
hoch auf schweb ich;
komm ich herab, so fress ich sechs Ochsen.
Der Blitz

Anna Kätherli, was ist das?
Ist kein Fuchs und ist kein Has',
hat kein Haar und hat kein Haut,
schreit doch alleweil überlaut.
Der Wind

Es ist die wunderschönste Brück',
worüber noch kein Mensch gegangen;
doch ist daran ein seltsam' Stück,
dass über ihr die Wasser hangen
und unter ihr die Leute gehen
ganz trocken und sich froh anseh'n,
die Schiffe segelnd durch sie zieh'n,
die Vögel sie durchfliegen kühn;
doch stehet sie im Sturme fest,
keinen Zoll noch Weggeld zahlen lässt.
Der Regenbogen

Weitere Alternativen:
Weiß wie Kreide;
leicht wie Flaum,
weich wie Seide,
feucht wie Schaum.
Der Schnee

Glänzend bin ich, schön und rein,
aber schmutzig hinterdrein.
Der Schnee

Was geht ins Wasser und wird nicht nass?
Der Schatten

Es hat keinen Körper und ist doch sichtbar.
Der Schatten

c) Wetterphänomene – ganz bildlich betrachtet

Schriftliches Rätsel, jeweils zu zweit oder dritt spielbar

Kopiervorlage und Powerpoint-Präsentation zum Downloaden (alternativ kann die Vorlage auf S. 100 kopiert werden)

Alle Zeichnungen sind Bilderrätsel. Sie stellen auf überraschende Weise „Wetterphänomene“ im weitesten Sinn dar. Querdenken ist gefragt.

Sie können die Teilnehmer des Seniorenkreises jeweils zu zweit oder dritt mithilfe des Arbeitsblattes spielen lassen oder Sie verwenden die Powerpoint-Präsentation und lassen alle gemeinsam raten. Die Handhabung der Präsentation und der Ablauf des Quiz sind unkompliziert und auch für „Neueinsteiger“ geeignet (siehe S. 13). Die Lösungen entnehmen Sie dem Buch.

Auflösung für das Arbeitsblatt, spaltenweise von oben nach unten
Schäfchenwolken, Schneekönig, Luftpost, Kaltschnäuzigkeit, Winterschlaf, Blitzeis, Rückenwind, Sonnenbad, Affenhitze, Schneekette, Schneebrille, Sonnenstich, Wolkenbruch, Frühjahrsmüdigkeit, Hundewetter

Wetterphänomene –

ganz bildlich betrachtet

Zeichnungen: © Annette Härdter, www.raetsel-nach-mass.de

d) Vorlesegeschichte: Pfarrerswetter

Bis zu jenem denkwürdigen Sonntag kannte auch ich nur das „Kaiserwetter". Dieser Ausdruck bezeichnet einen strahlend blauen Himmel vom Morgen bis zum Abend. Bei uns in der Gemeinde sprach man indes jahrelang nur noch von „Pfarrerswetter", und das kam so:

Höhepunkt und krönender Abschluss der Arbeit im Kindergottesdienst war das alljährliche Sommerfest im schönen Bühlertal. Schon Wochen vorher sprachen die etwa achtzig Kinder, die den sonntäglichen Kindergottesdienst besuchten, nur noch von dem bevorstehenden Fest, dem sie ungeduldig entgegenfieberten. Endlich war es so weit, und ich konnte am Sonntag davor stolz verkünden, was die Mitarbeiter der Kinderkirche wieder alles vorbereitet hatten: Kletterbaum und Schatzsuche, Angeln und Bootfahren, Backstube und Malwettbewerb. Zum Schluss sagte ich den Kindern, dass das Gelingen des Festes ganz vom schönen Wetter abhänge, und sie sollten alle fest die Daumen drücken, damit der „liebe Gott" am nächsten Sonntag herrlich die Sonne scheinen lasse.

Als ich mich am Kirchenportal von den Kindern verabschiedete, wurde ich von zwei kleinen Mädchen mit den Worten getröstet: „Herr Pfarrer, machen Sie sich nur keine Sorgen wegen dem Wetter. Seitdem Sie bei uns sind, hat es noch bei keinem Sommerfest geregnet."

Wie mir die Mutter der Mädchen – es waren Zwillinge – später berichtete, trugen die beiden am Samstagabend beim Zubettgehen einen kleinen Streit aus. Die eine wollte nicht nur die Daumen halten, sondern die Bitte um gutes Wetter auch in ihr Abendgebet einfügen. Die andere war strikt dagegen. Der Onkel Hermann habe gesagt, für „gutes Wetter" brauche man nicht zu beten, denn ob die Sonne scheine oder es regne, es sei immer für jemand gut.

Die kluge Mutter schlichtete den Streit, indem sie sagte: „Jede darf es so machen, wie sie es für richtig findet: Daumen halten oder Hände falten!"

Als am andern Morgen die ersten Sonnenstrahlen durch die Ritzen der Fensterläden ins Kinderzimmer fielen, wurden beide von der Mutter geweckt. Sie stürzten aus dem Bett, rannten zum Fenster, rissen die Fensterläden auf, sahen den strahlend blauen Himmel und riefen im Chor: „Mutti, heute ist Pfarrerswetter!"

Das Fest war im vollen Gang, und beim gemeinsamen Mittagessen auf der grünen Wiese erhielt ich zufällig neben den beiden Mädchen und ihren Eltern einen Platz. Die Mutter erzählte mir vom „Pfarrerswetter", und ich fand diese Wortschöpfung so lustig, dass ich sie zum Schluss des Festes öffentlich zum Besten gab. Da auch in den folgenden Jahren beim Sommerfest der Kinderkirche die Sonne stets vom strahlend blauen Himmel lachte, was natürlich reiner Zufall war, führte sich das „Pfarrerswetter" im ganzen Ort rasch ein.

Noch heute sagen die Leute in jener Gegend, wenn ein Veranstalter schönes Festwetter hat: „Heute haben wir aber wieder Pfarrerswetter!"

Willi Bidermann

e) Gesprächsimpulse

- Bei welchem Wetter fühlen Sie sich persönlich am wohlsten?
- Welches Wetter macht Ihnen gesundheitlich zu schaffen?
- Was mögen Sie von den folgenden Wetterphänomenen am meisten: Sonne, Hitze, blauer Himmel, Wind, Wolken, Frühjahrsregen, Schnee, Kälte, Gewitter, Tau, Raureif?
- Haben Sie sich einmal in besonderer Weise über Regen gefreut? Sind Sie einmal völlig überraschend pitschnass geworden?
- Wie haben Sie es erlebt, als der Orkan „Lothar" im Jahr 1999 am zweiten Weihnachtsfeiertag über Deutschland hinwegfegte? (Oder als der Orkan „Kyrill" im Januar 2007 wütete?)
- An welche besonderen Wettererlebnisse in Ihrem Leben erinnern Sie sich? Hat das Wetter sich schon einmal lebensbedrohlich auf Ihre Situation ausgewirkt?
- Waren Sie schon einmal eingeschneit?

f) Angedacht: Wolkengedanken

Das ist für mich etwas vom Schönsten im Urlaub: auf einer Bergwiese oder am Strand liegen und die Wolken beobachten. Natürlich ist ein wolkenloser Himmel auch etwas Herrliches. Aber nach ein paar Tagen mit klarblauem Himmel sehne ich mich meistens nach den Wolken. Einmal um ihrer Schönheit und Verschiedenheit willen. Es gibt mächtige Wolkengebirge; und dann wieder überziehen ganz kleine zierliche Wolken den Himmel. Aber Wolken-Beobachten kann auch regelrecht spannend sein: Wird die Wolke, die da ankommt, die Sonne verdecken oder an ihr vorbeiziehen? Eine sichere Vorhersage ist selten möglich. Da meint man, die Sonne wird noch lange scheinen, und plötzlich ist alles zugezogen. Oder man will schon die Sachen packen und heimgehen, da fegt ein Wind mit einem Mal alle Wolken weg.

Über Gottes Güte und Treue aber kann man ganz sichere Voraussagen machen. Sie reichen bis an jeden Punkt der Erde. Und sie sind auch dann noch da, wenn wir nur dunkle und bedrohliche Wolken über unserem Leben sehen. Außerdem kann ja im Handumdrehen der Wolkenhimmel aufreißen, sodass wir sie auch wieder spüren: die Sonne der Liebe Gottes.

Heinz-Walter Siering

Fernsehwelten

a) Bekannte Fernsehsendungen der 60er-Jahre

Zum Vorlesen, keine Vorbereitung erforderlich

Machen Sie bei diesem „Mehr-Satz-Rätsel" nach jedem Satz eine deutliche Pause zum Nachdenken und Zurufen der möglichen Antworten. Vielleicht weiß jemand schon die richtige Antwort nach dem ersten oder zweiten Satz? Nach der Auflösung lesen Sie nochmals alles komplett vor. So kann jeder die einzelnen Aussagen mit der Lösung vor Augen nachvollziehen. Die 1960er-Jahre waren das erste große Fernsehjahrzehnt. Einige Formate von damals finden sich noch heute im Programm. Viele Sendungen aus dieser Zeit sind bei den Zuschauern in nachhaltiger Erinnerung geblieben. Gehen Sie während des Spiels in einem angemessenen Zeitrahmen auf die Erzählungen der Senioren ein oder nutzen Sie das Rätsel als Einstieg für eine ausführliche Gesprächsrunde zum Thema.

Fernsehsendung Nr. 1

- In vielen Familien musste man am Sonntagnachmittag vom Spaziergang wieder zu Hause sein, wenn diese Sendung begann.
- Im Mittelpunkt der Serie standen vier Männer.
- Ihre Vornamen waren Ben, Hoss, Adam und Little Joe.
- Ihr Nachname war Cartwrigth.

***Bonanza**, 430 Episoden. Ab 1962 13 Folgen in der ARD, ab 1967 im ZDF.*

Fernsehsendung Nr. 2

- Eine Sendung mit diesem Namen gab es im zweigeteilten Deutschland sowohl im Osten als auch im Westen. Der einzige Unterschied: Die DDR-Version hatte noch das kleine Wörtchen „unser" im Titel.
- Die Hauptperson der Sendung war klein und hatte einen Bart.
- Im Osten gab es Mitspieler mit Namen Pittiplatsch und Schnatterinchen, im Westen etwa Piggeldy und Frederick.

- Und am Ende schliefen alle Kinder glücklich ein.

***Unser Sandmännchen**, seit 1959, zunächst DFF, dann RBB*
***Sandmännchen**, 1959–1989, ARD*

Fernsehsendung Nr. 3

- In dieser Sendung traten immer acht Kandidaten aus acht verschiedenen Ländern gegeneinander an.
- Der Titel dieses Ratespiels hatte Parallelen zu dem Namen eines politischen Staatenbundes.
- Der Showmaster überzog die Sendung regelmäßig um mindestens 30 Minuten.
- Am Ende der Sendung brachte ein Butler mit ein paar bissigen Bemerkungen zur gerade gesendeten Show dem Quizmaster Mantel, Schal und Hut.

***Einer wird gewinnen**, mit Hans-Joachim Kulenkampff, 1964–1966, 1968–1969, 1979–1987, ARD. Der Name der Show wurde „EWG" abgekürzt – genauso wie die Europäische Wirtschaftsgemeinschaft, dem Vorläufer der Europäischen Union.*

Fernsehsendung Nr. 4

- Diese Serie war einer der ganz frühen Straßenfeger.
- Unglaubliche 94 % Sehbeteiligung erreichte die beste Ausgabe – allerdings zu einer Zeit, als es auch nur ein einziges Programm in der Bundesrepublik gab.
- Im Mittelpunkt der Geschichten standen der „Babba" und die „Mamma" und ihre Familie.
- In den Filmen wurde südhessisch gesprochen, und auch der Titel der Serie beinhaltet denselben geografischen Begriff.

***Die Firma Hesselbach, Die Familie Hesselbach, Herr Hesselbach und …** 1960–1967, 51 Folgen in drei Staffeln, ARD*

Fernsehsendung Nr. 5

- Wim Thoelke, Günther Jauch und auch Johannes B. Kerner moderierten dieses Fernsehformat.
- Für viele Männer ist der Ausstrahlungstermin auch heute noch ein Muss.
- Die erste weibliche Moderatorin erntete für einen kleinen Versprecher viel Häme.

- Das Markenzeichen der Sendung: zwei Löcher in einer kleinen Wand.

Das aktuelle Sportstudio*, seit 1963, ZDF. Carmen Thomas moderierte die Sendung als erste Frau (3. Februar 1973). Ihr Versprecher „Schalke 05“ (statt Schalke 04) ist bis heute unvergessen.*

Fernsehsendung Nr. 6

- Diese Sendung widmet sich im Besonderen vielen ungelösten Rätseln.
- Sie ist spannender als jeder Krimi.
- Sie ist auch realistischer als jeder Krimi.
- Die Aufklärungsquote beträgt immerhin 42 %.

Aktenzeichen XY ungelöst*, seit 1967, ZDF*

Fernsehsendung Nr. 7

- Die Folgen dieser Sendung starteten bei der deutschen Erstausstrahlung im ZDF jeweils zeitgleich mit der ARD-Sportschau.
- Vorbild für die Serie war das Leben der Tierärztin Susanne Hart.
- Die Namen von zwei Hauptdarstellern waren Clarence und Judy.
- Die Titel der Serie lautete „Doktor“ – allerdings auf Swahili.

Daktari*, ab 1969, ZDF, 89 Episoden. Clarence war der Name des schielenden Löwen, Judy hieß eine Schimpansin.*

Fernsehsendung Nr. 8

- Wichtige Begriffe in dieser Sendung waren: höher, tiefer, rechts und links.
- Die 25. Ausgabe war die erste in Farbe ausgestrahlte Show im deutschen Fernsehen.
- Und es war die erste interaktive Fernsehsendung in Europa.
- Mit dem Namen der Sendung verbinden viele Menschen heute einen Begriff aus der Drogenszene.

Der goldene Schuss*, von 1964–1970, mit Lou van Burg (bis 1967) und Vico Torriani (ab 1967). Erste Farbausstrahlung: 25. August 1967, ZDF.*

Fernsehsendung Nr. 9

- „Was heute noch wie ein Märchen klingt, kann morgen Wirklichkeit sein.“ Mit diesen Worten begann jede Folge dieser Sendereihe.

- Die Serie wurde wegen ihrer militaristischen Ausdrucksweise kritisiert.
- Bügeleisen, Bleistiftanspitzer oder Plastikbecher dienten zur Dekoration.
- Major Cliff Allister McLane und Leutnant Tamara Jagellovsk waren mit von der Partie.

***Raumpatrouille – Die phantastischen Abenteuer des Raumschiffes Orion**, 1966, ARD, 7 Episoden. Bügelleisen etc. wurden verfremdet als Dekogegenstände oder Armaturen verwendet.*

Fernsehsendung Nr. 10

- Bei dieser Sendung wurden Menschen mit versteckter Kamera gefilmt.
- Moderiert wurde die Reihe viele Jahre von dem Vater, danach von seiner Tochter.
- Bei den kleinen Episoden ging es um die Leichtgläubigkeit der Leute.
- Der Untertitel der Reihe lautete „Nepper, Schlepper, Bauernfänger".

***Vorsicht Falle!**, Moderation Eduard Zimmermann (1964–1997), Sabine Zimmermann (1998–2001), ZDF*

Fernsehsendung Nr. 11

- Der eine arbeitete im Westfernsehen, der andere im Fernsehen der DDR.
- Der erste war ein Schauspieler, der zweite unter anderem studierter Ökonom.
- Der eine bat zu Tisch, der andere empfahl.
- Beide bereicherten den Speiseplan der Nation.

***Clemens Wilmenrod bittet zu Tisch**, 1953–1964, 185 Folgen, Nordwestdeutscher Rundfunk (mit Fernsehkoch Clemens Wilmenrod alias Carl Clemens Hahn)*

***Der Fernsehkoch empfiehlt**, 1958–1983, 650 Folgen, DFF (mit Fernsehkoch Kurt Drummer)*

Fernsehsendung Nr. 12

- Die Frage „Wer war der Mörder?" beschäftigte ganz Deutschland.

- Wer noch keinen eigenen Fernseher besaß, schaute sich die Kurzserie bei Freunden, Nachbarn, Verwandten oder in der Kneipe an.
- In dem Film wurde die junge Faye Collins in dem kleinen Ort Littleshaw ermordet.
- Das Mordwerkzeug war ein Modeaccessoire und der Mörder war – der Maler.

***Das Halstuch**, 1962, sechsteiliges Fernsehspiel von Francis Durbridge, WDR*

c) Fernsehquiz

Ohne weitere Vorbereitung als Vorleserätsel möglich oder als

Powerpoint-Präsentation zum Downloaden

Dieses Quiz ist in Anlehnung an bekannte Fernsehshows gestaltet und steht als Powerpoint-Präsentation zur Verfügung. Die Lösungen und weitere Infos zu den Fragen sind integriert. Die Handhabung der Präsentation und der Ablauf des Quiz sind unkompliziert und auch für „Neueinsteiger" geeignet (siehe S. 13).

Wenn Sie wenig Zeit zur Vorbereitung haben, lesen Sie die Fragen einfach nur vor. Die richtigen Antworten sind fett gedruckt.

Sie können das Spiel auf unterschiedliche Weisen gestalten:

***Variante 1:** Alle spielen mit, jeder für sich selbst. Alle geben bei ihrer jeweils favorisierten Antwort Handzeichen. Wenn Sie nachher einen Sieger ermitteln wollen, dann verteilen Sie nach jedem Durchgang an alle Teilnehmer mit der richtigen Lösung jeweils einen farbigen Zettel. Wer nachher die meisten Zettel besitzt, hat gewonnen.*

***Variante 2:** Teilen Sie die Besucher in mehrere Gruppen ein. Jede Gruppe bekommt vier Zettel – jeweils mit der Aufschrift a), b), c) und d). Lesen Sie zunächst die Frage und die möglichen Antworten vor. Danach geben Sie Zeit für die Beratung in den Gruppen. Anschließend hält jede Gruppe den Zettel mit der von ihr favorisierten Antwort hoch. Notieren Sie, welche Gruppe richtig geraten hat.*

1. Mit welcher Aufforderung könnte auch die erste Programmzeitschrift Deutschlands gemeint sein?

a) Sei still
b) Schau hin
c) Hör zu
d) Bleib da

2. Welchen Wettbewerb hat der Entertainer Stefan Raab ins Leben gerufen?

a) Wok-Weltmeisterschaft
b) Rülpser-Casting
c) Langschläfer-Pokal
d) Schlechtwetter-Hitparade

3. Anton, Berti, Conni und Edi sind Vornamen von

a) Tatort-Kommissaren
b) den Mainzelmännchen
c) Nachrichtensprechern
d) Dschungelcamp-Teilnehmern

4. Welches Paar hat lange Jahre die Sendung „Lustige Musikanten" im ZDF moderiert?

a) Wolfgang und Anneliese
b) Stefan und Stefanie
c) Helene und Florian
d) Marianne und Michael

5. Er gilt als „Mr. Tagesschau".

a) Werner Veigel
b) Jo Brauner
c) Wilhelm Wieben
d) Karl-Heinz Köpcke

6. Bei einer Vorform der TED-Telefonabstimmung wurden die Zuschauer einer bestimmten Stadt aufgefordert,

a) mit einer Tröte Krach zu machen
b) elektrische Geräte einzuschalten
c) eine Tafel Schokolade zu essen
d) Autokorso zu fahren

(„Lichttest" in der Show „Wünsch Dir was" mit Dietmar Schönherr und Vivi Bach, Beginn der 70er Jahre)

7. Wer war früher nicht im DDR-Fernsehen erfolgreich?

a) Carmen Nebel
b) Gunther Emmerlich
c) Jörg Pilawa
d) Wolfgang Lippert

8. Dieser bekannte Fernsehsatz soll nur einmal im Original gefallen sein.

a) Harry, hol schon mal den Wagen.

b) Das Wetter.

c) Welches Schweinderl hätten S' denn gern?

d) Topp, die Wette gilt.

(in der Krimiserie „Derrick")

9. Wie lange schauen Menschen in Deutschland im Durchschnitt pro Tag Fernsehen (Stand 2012)?

a) 25 Minuten

b) 1 Stunde, 4 Minuten

c) 3 Stunden, 42 Minuten

d) 8 Stunden, 17 Minuten

10. In den Krankenhausserien des deutschen Fernsehens praktizierte nirgends ein

a) Dr. Peter Brockmann

b) Dr. Roland Beilmann

c) Dr. Klaus Brinkmann

d) Dr. Jan Bergmann

(a: Praxis Bülowbogen, Schauspieler Günter Pfitzmann; c: Die Schwarzwaldklinik, Klausjürgen Wussow; d: Der Landarzt, Wayne Carpendale)

11. Welche peinliche Panne passierte der ARD an Silvester 1986?

a) Die Tagesschau begann wegen eines im Studio vorzeitig losgegangenen Feuerwerkskörpers erst um 20.10 Uhr.

b) Versehentlich wurde Erich Honeckers Rücktritt verkündet.

c) Der Kultfilm „Dinner for one" wurde rückwärts abgespult.

d) Die Neujahrsansprache von Bundeskanzler Kohl wurde vertauscht.

(Statt der aktuellen Ansprache des Bundeskanzlers für das kommende Jahr 1987 wurde die Ansprache des Vorjahres gesendet.)

12. Die Namen Paul Nipkow, Ferdinand Braun und Walter Bruch kennt man im Zusammenhang von

a) Darstellern von Daily Soaps

b) Geschichte der Fernsehtechnik

c) Komposition von Filmmusik

d) Beruf des Stuntman

(Paul Nipkow, 1860–1940, Erfinder der „Nipkow-Scheibe", einer Spirallochscheibe, mit deren Hilfe Bilder in Hell-Dunkel-Signale zerlegt und wieder zusammengefasst werden konnten; Ferdinand Braun, 1850–1918, Erfinder der „Braunschen Röhre", der Grundlage der bei Fernsehgeräten verwendeten Bildröhre; Walter Bruch, 1908–1990, Entwickler des PAL-Farbfernsystems)

13. Welche Liveübertragung hatte bisher die allermeisten Zuschauer (Stand 2012)?

a) Krönung der Queen

b) Mondlandung

c) Fußballspiel Deutschland – Spanien

d) Öffnung der Mauer

(Das Spiel fand am 07.07.2010 statt, ARD, Fußball-WM-Halbfinale, 31,1 Mill. Zuschauer am eigenen Fernseher.)

14. Was ereignete sich im selben Jahr, als die ersten Privatsender in Deutschland ans Netz gingen?

a) Liechtenstein führte das Wahlrecht für Frauen ein.

b) In Tschernobyl explodierte ein Atomreaktor.

c) Ronald Reagan gewann die Präsidentschaftswahlen in den USA.

d) Prinzessin Diana verunglückte tödlich.

(a: 1984; b: Tschernobyl 1986; c: Ronald Reagan 1980; d: Diana 1997)

c) Vorlesegeschichte: Die schönen, alten Fernsehzeiten

Es waren die 60er-Jahre. Der Fernseher war neu und lief in Schwarz-Weiß. Damals gab es zwei bundesweite Programme und gesendet wurde nur ein paar Stunden am Tag.

Für uns Kinder gab es *Fury*, *Lassie* und *Flipper*. Das war ungeheuer spannend. Wir fieberten mit und waren ganz im Bann der Geschichten. Es ging abenteuerlich zu und gefährlich. Aber am Ende, darauf war Verlass, siegte das Gute.

Heute kann man es kaum mehr glauben, wie spannend die Filme damals waren. Wie einfach gemacht sind diese Serien mit ihren teilweise gemalten Kulissen aus heutiger Sicht! Aber damals – damals war es purer Nervenkitzel!

Die Samstage hatten ihren eigenen Ablauf. Morgens gingen wir Kinder in die Schule. Nachmittags putzte die Mutter die Wohnung, backte einen Sonntagskuchen und badete die Kinder. Der Vater schaute einstweilen *Sportschau*.

Aber dann kam der Abend, der Höhepunkt der Woche. Hoffentlich stand etwas Spannendes im Fernsehprogramm. „Einer wird gewinnen" zum Beispiel – die unterhaltsame Rateshow mit Hans-Joachim Kulenkampff.

Gerade der Badewanne entstiegen, rekelten wir Kinder uns frisch gewaschen und im Schlafanzug auf dem Sofa und machten es uns zusammen mit der Mutter bequem. Wir kuschelten uns aneinander und genossen die Fernsehunterhaltung. Bald schon meinte die Mutter: „Ach, ich hätte Lust auf Kuchen." Da stimmten auch wir Kinder schnell zu. Der Sonntagskuchen wurde geholt und jeder bekam bereits am Samstagabend ein erstes Stück. Das war so lecker! Und der Abend wurde noch gemütlicher.

Dummerweise kam „Einer wird gewinnen" nicht jede Woche. Aber dazwischen gab es ja das Ohnsorg-Theater. Unsere Familie wohnte zwar im Schwabenland – aber die Schwänke aus Hamburg bescherten uns viele vergnügte Abende. Und der eine oder andere Satz aus den Aufführungen wurde in unserer Familie legendär. „Wir leben noch ein Jahr zusammen" war so ein Ausspruch und wir benutzten ihn in unserer Familie jahrelang, wenn zwei zur gleichen Zeit dasselbe sagten. Und dabei gab es immer ein großes Gelächter.

Ein anderer dieser Sätze war „Hurra, hurra, hurra, – der Fenix, der ist da". Der Felix im Theater hatte einen Sprachfehler und konnte das „l" nicht richtig sprechen. Zu allen passenden und unpassenden Gelegenheiten wurde dieses Wort später in unserer Familie zitiert – und dabei wurde herzlich gelacht. Auch dieses Bonmot stammte aus einem Stück des Ohnsorg-Theaters. Oder war es aus einer Aufführung des Theaters von Willy Millowitsch? Wer weiß das nach so langer Zeit noch so genau ...

Aber eines weiß ich ganz sicher: Es war immer sehr gemütlich und wir hatten viel Spaß beim gemeinsamen Fernsehen.

Susanne Fetzer

d) Gesprächsimpulse

- Wann haben Sie Ihren ersten Fernseher gekauft?
- An welche Fernsehsendungen von früher können Sie sich besonders erinnern?
- Welche Rolle hat in den 60er-Jahren das Fernsehen in Ihrer Familie gespielt?
- Wie verliefen bei Ihnen damals die Samstage?
- Welche Sendungen schauen Sie heute gerne an?
- Gibt es Fernsehsendungen, die Sie gar nicht mögen?
- Gibt es Bilder und Filme aus dem Bereich der Nachrichten, an die Sie sich besonders erinnern?

e) Angedacht: Gute Unterhaltung

Martin Luther war ein guter Seelsorger. Weil er selbst mit Schwermut und Depression zu kämpfen hatte, konnte er anderen Betroffenen hier besonders gut raten. Viele wertvolle Rezepte hatte Luther für bedrückte Menschen parat:

Er riet Menschen, sich auf die Verheißungen der Bibel zu verlassen und den Zuspruch durch andere zu suchen. Er wusste, dass es besser ist, Einsamkeit zu meiden und Zeit mit anderen zu verbringen. Grüblerische Gedanken bringen nicht weiter. Dank und Lob dagegen können aus dem Tief heraushelfen.

Und dann hatte Luther noch ein paar ganz handfeste, praktische Tipps: Er empfahl, traurigen Menschen mit Singen und Musizieren ihre schwermütigen Gedanken zu vertreiben. Und sie sollten gute, zur Freude anregende Unterhaltung suchen. Luther hatte keine Berührungsängste und dachte dabei in der Sprache seiner Zeit auch an „Märlein von Türk und Tatter".

Das Fernsehen kannte Martin Luther natürlich noch nicht.

Für viele Menschen heute ist das Fernsehen ein unverzichtbarer Bestandteil ihres Lebens. Man kann viel Kritisches sagen zum täglichen Fernsehkonsum und zum Niveau der Sendungen und Programme. Und doch: Für so manchen Schwermütigen und Einsamen kann das Fernsehen eine Hilfe sein.

Luther rät seelisch belasteten Menschen, Unterhaltung zu suchen, die Freude weckt. Das kann Musik sein, Kunst, Literatur oder Theater. Und es kann auch das Fernsehen sein. Die Auswahl der geeigneten Sendungen muss dabei jeder selber treffen. Das Kriterium ist ganz einfach: Gutes Fernsehen ist das Fernsehen, das mir guttut, das mich froh stimmt, das hilft, auf andere Gedanken zu kommen.

Gute Unterhaltung, die das Herz erfreut, die zum Lachen und Fröhlichsein anregt, kann ein Stück Seelsorge, Sorge für die Seele, sein.

Susanne Fetzer

Männersachen

a) Dalliklick-Autorätsel

Powerpoint-Präsentation zum Downloaden

Die Handhabung der Präsentation und der Verlauf des Ratespiels sind völlig unkompliziert (siehe S. 13) und auch für „Neueinsteiger“ gut geeignet. Nur Mut!

Bei „Dalliklick“ werden Autobilder jeweils durch drei Rechtecke verdeckt. In mehreren Schritten wird jedes Foto aufgedeckt. Machen Sie nach jedem Schritt eine Pause und lassen Sie die Besucher des Seniorenkreises raten. Sollte die richtige Lösung schon nach wenigen Schritten gefunden werden, können Sie das Foto zügig aufdecken, bis alles zu sehen ist. Die Antwort wird eingeblendet. (Als „richtig“ genügt die Bezeichnung der Automarke.)

Beispiele

Auflösung

1. Volkswagen Bus, **2.** Mercedes-Benz 280 SE W 108, **3.** Citroën 2CV, **4.** Cadillac Coupé de Ville, Baujahr 1960, **5.** BMW Isetta, Baujahr 1957, **6.** Renault 4, **7.** Opel Kadett 10 KD 2, **8.** Trabant 601, **9.** Fiat 500, Baujahr 1965, **10.** Porsche Boxster S II Facelift, **11.** Smart City Coupè, Baujahr 2004, **12.** MINI Cooper S, Baujahr 2004, **13.** Goggomobil 250 Coupé, **14.** Wartburg 353 S, Baujahr 1986, **15.** Borgward Isabella Coupé.

b) Fußballersprüche

Schriftliches Rätsel, jeweils zu zweit oder dritt spielbar

Auch ohne weitere Vorbereitung als Vorleserätsel möglich

Kopiervorlage zum Downloaden (alternativ kann die Vorlage auf S. 117 kopiert werden)

Die Antworten sind vorgegeben und müssen richtig zugeordnet werden.

Auflösung

1. Italien, **2.** Möglichkeit, **3.** Gegentor, **4.** Chancenauswertung, **5.** umgekehrt, **6.** Mann, **7.** 40%, **8.** nächste, **9.** Spitzenreiter, **10.** Trio, **11**. Uwe Seeler, **12.** Österreich

Füllen Sie die Leerstellen mit folgenden Begriffen aus:
40 %, Chancenauswertung, Gegentor, Italien, Mann, Möglichkeit, nächste, Österreich, Spitzenreiter, Trio, umgekehrt, Uwe Seeler

1. Mailand oder Madrid – Hauptsache ________________. *Andreas Möller*
2. Es gibt nur eine ________________: Sieg, Unentschieden oder Niederlage! *Franz Beckenbauer*
3. Wir wollten in Bremen kein Gegentor kassieren, das hat auch bis zum ________________ ganz gut geklappt. *Thomas Häßler*
4. Zwei Chancen, ein Tor – das nenne ich hundertprozentige ________________. *Roland Wohlfahrt*
5. Es steht im Augenblick 1:1, aber es hätte auch ________________ lauten können. *Heribert Fassbender*
6. Da geht er, ein großer Spieler. Ein ________________ wie Steffi Graf. *Jörg Dahlmann*
7. Das Tor gehört zu 70 % mir und zu ________________ dem Wilmots. *Ingo Anderbrügge*
8. Es ist wichtig, dass man neunzig Minuten mit voller Konzentration an das ________________ Spiel denkt. *Lothar Matthäus*
9. Ich glaube, dass der Tabellenerste jederzeit den ________________ schlagen kann. *Berti Vogts*
10. Der Jürgen Klinsmann und ich, wir sind ein gutes ________________. *Fritz Walter jun.*
11. Die Rudi-Rufe hat es vorher nur für ________________ gegeben. *Gerd Rubenbauer*
12. Bei der Fußball-WM habe ich mir ________________ gegen Kamerun angeschaut. Warum? Auf der einen Seite Exoten, fremde Kultur, wilde Riten – und auf der anderen Seite Kamerun! *Richard Rogler*

c) Gedächtnisrätsel: Männernamen aus der Bibel

Zum Vorlesen

Overheadprojektor oder Plakat notwendig

Schreiben Sie neun biblische Namen auf eine Folie für den Tageslichtprojektor oder auf ein großes Plakat. Dann decken Sie die Namen mit einzelnen Zetteln ab. Wenn Sie ein Plakat verwenden, dann können Sie die Zettel von 1 bis 9 sichtbar durchnummerieren.

Jetzt gilt es zu erraten: Welche Namen verbergen sich hinter den Zetteln? Wird ein Name erraten, dann wird der entsprechende Zettel aufgedeckt.

Mischen Sie bekanntere und unbekanntere Namen auf Ihrer Vorlage nach dem Kenntnisstand Ihrer Gruppe. Wenn Sie nur sehr bekannte Namen verwenden, dann ist das Ratespiel zu schnell beendet. Nehmen Sie zu viele schwere und unbekannte Namen, dann wird das Ganze sehr zäh. Also: Die Mischung macht's! Sollten die letzten zwei, drei Namen zum Erraten zu schwer sein, dann helfen Sie mit ein paar Tipps.

Das Besondere bei diesem Rätsel: Es gibt keinerlei Anhaltspunkte, welche Namen unter den Zetteln versteckt sind. Man muss ins Blaue hinein raten. Dabei geht man in Gedanken sämtliche Männernamen der Bibel durch, die einem bekannt sind. Dieses Rätsel ist also ein spielerisches Gedächtnistraining.

Der abgedruckte Vorschlag eignet sich für eine Gruppe mit normalen Bibelkenntnissen.

Adam	Noah	Jakob
Josef	Paulus	David
Mose	Pilatus	Micha

Eine Auswahl von weiteren Männernamen aus der Bibel

Altes Testament: Aaron, Abed-Nego, Abel, Abraham, Absalom, Ahab, Amos, Asser, Belsazar, Benjamin, Bileam, Dan, Daniel, Darius, Eli, Elia, Elisa, Esau, Esra, Gad, Gideon, Habakuk, Haggai, Ham, Hesekiel, Hiob, Hiskia, Hosea, Isaak, Ismael, Issachar, Jafet, Jesaja, Joel, Jona, Jonathan, Josef, Josia, Josua, Juda, Kain, Levi, Maleachi, Meschach, Micha, Naftali, Nahum, Nebukadnezar, Nehemia, Obadja, Potifar, Ruben, Sacharja, Salomo, Samuel, Saul, Schadrach, Sebulon, Sem, Simeon, Simson, Zefanja

Neues Testament: Agrippa, Andreas, Aquila, Barnabas, Barrabas, Bartholomäus, Bartimäus, Felix, Festus, Gamaliel, Hananias, Herodes, Jakobus, Jesus, Johannes, Josef von Arimathäa, Judas, Kaiphas, Kornelius, Lazarus, Lukas, Markus, Matthäus, Nikodemus, Petrus, Philippus, Silas, Simon, Stephanus, Thaddäus, Thomas, Timotheus, Titus, Zacharias, Zachäus

d) Vorlesegeschichte: Sepp Herberger

Der Sepp vom Deutschen Fußballbund
sprach einst verschmitzt: „Der Ball ist rund."
Die Vorsicht, riet er, sei das Erste:
„Der nächste Gegner ist der schwerste."
Auch kann man niemals sicher sein –
es geht noch mancher Treffer rein,
selbst wenn wir es nicht mehr vermuten:
„Ein Spiel dauert neunzig Minuten!"
Der Sepp, der war ein Pfiffikus,
ein Fachmann für den Fußballschuss,
zwar äußerlich von kleinem Wuchs,
doch innerlich ein großer Fuchs.
Von seinen taktischen Finessen
bleibt eine bis heut unvergessen:
Als in der Schweiz einst die Magyaren
gleich zweimal „unser" Gegner waren,
hat Sepp beim ersten Spiel aufs Feld
nur die Ersatzmannschaft gestellt.
Das Spiel verlor man drei zu acht –
der Sepp, der wurde ausgelacht ...
Danach erst schickte er, der Kenner,
ins zweite Spiel die besten Männer.
Die haben, Sepp hat es ersonnen,

das Endspiel drei zu zwei gewonnen.
Das war (nach dem verlornen Krieg)
für Deutschland ein ersehnter Sieg.
Auch heute denken wir noch gern
ans Wankdorf-Stadion in Bern,
an Herberger und seine Mannen,
die Ruhm, doch (fast) kein Geld gewannen:
zweitausend Mark an Prämien –
die heute soll'n sich schämien.
Thomas Schleiff

e) Gesprächsimpulse

- Wo haben Sie das Endspiel der Fußballweltmeisterschaft 1954 gesehen?
- Welche Sportart schauen Sie im Fernsehen besonders gern?
- Haben Sie einen Lieblings-Sportreporter?
- Für welchen Sport interessieren Sie sich?
- Welcher Sportler, welche Sportlerin hat Sie besonders beeindruckt?
- Haben Sie selbst schon einmal auf dem Siegertreppchen gestanden?
- Welche Ausflüge oder Reisen unternahmen Sie mit dem Fahrrad oder dem Motorrad in der Nachkriegszeit?
- Wie war es, als Sie den Führerschein machten?
- Wie war es, als Sie Ihr erstes Auto kauften?
- Auf welche Details kommt es Ihnen bei einem Auto an?
- Wo ticken Männer und Frauen jeweils anders?
- Was müsste sich nach Ihrer Meinung ändern, damit mehr Männer in den Seniorenkreis kommen?

f) Angedacht: Männer und Frauen

Es wuchs aber die Zahl derer, die an den Herrn glaubten – eine Menge Männer und Frauen. (Apostelgeschichte 5,14)

In Israel zur Zeit Jesu galt der Glaube eher als Männersache. Das lag an der damaligen Tradition, aber auch an der unterschiedlichen Erziehung und Ausbildung, die Mädchen und Jungen erhielten. Theologische Abhandlungen konnten die meisten Frauen kaum verstehen. So war es etwas Besonderes, dass in der christlichen Gemeinde in Jerusalem gleichermaßen Männer und Frauen zum Glauben kamen. Vielleicht lag es daran, dass es neben Predigt und Auslegung auch andere Schwerpunkte gab: intensive Gemeinschaft und die Erfahrung, dass Geist, Leib und Seele heil wurden. Heute ist es gerade umgekehrt. In den Kirchen überwiegen die Frauen bei weitem. Es sieht so aus, als könnten sie mit christlichen Inhalten mehr anfangen. Männer, die vielleicht eher etwas „Handfestes" erwarten oder selbst tun wollen, haben es oft schwer in Gottesdienst und Gemeinde. Darum müssen wir heute neu fragen, wie Männer wieder einen Zugang zu Kirche und Glauben bekommen können.
Rainer Haak

Weihnachtsmarkt

a) Advents- und Weihnachtslieder

Zum Vorlesen, keine Vorbereitung erforderlich

Machen Sie bei diesem „Mehr-Satz-Rätsel" nach jedem Satz eine deutliche Pause zum Nachdenken und Zurufen der möglichen Antworten. Vielleicht weiß jemand schon die richtige Antwort nach dem ersten oder zweiten Satz?

Nachdem die richtige Antwort gegeben wurde, lesen Sie nochmals alles komplett vor. So kann jeder die einzelnen Aussagen mit der Lösung vor Augen nachvollziehen.

Wählen Sie sechs bis acht Rätsel aus.

Erstes Lied

- Es ist die Nummer eins der Adventslieder – zumindest, was die Stelle im evangelischen Gesangbuch anbelangt. Aber es könnte vielleicht auch das am häufigsten gesungene Lied in der Adventszeit sein.
- Der Text entstand anlässlich der Einweihung einer neuen Kirche – und ist damit also auch durchaus wörtlich gemeint.
- Beim auswendigen Singen verwirren oft die letzten Zeilen der Verse. Sie enden auf Rat, Tat, spat, Gnad und Ehr.

Macht hoch die Tür, EG 1, Text: Georg Weissel, Melodie: Halle 1704

Zweites Lied

- Der Text des gesuchten Liedes wurde von dem katholischen Pfarrer Christoph von Schmid in einer für Kinder verständlichen Sprache gedichtet.
- Das Lied ist eine Übertragung des Jesus-Wortes „Lasset die Kinder zu mir kommen" auf Weihnachten.
- Der Text in Verbindung mit der uns heute bekannten Melodie wurde zum ersten Mal um 1832 in einer Sammlung veröffentlicht, die den Titel „Sechzig deutsche Lieder für dreißig Pfennig" trägt – einem damaligen Bestseller im C. Bertelsmann Verlag.

Ihr Kinderlein, kommet, EG 43, Melodie: Johann Abraham Peter Schulz

Drittes Lied

- Manche Menschen überlegen bei den ersten Worten dieses Liedes, ob der Text etwas mit Blumen oder doch eher etwas mit Pferden zu tun hat.
- Das Weihnachtsgeschehen wird auf dem Hintergrund von Jesaja 11,1 beschrieben:
- „Und es wird ein Reis hervorgehen aus dem Stamm Isais und ein Zweig aus seiner Wurzel Frucht bringen."

Es ist ein Ros entsprungen, EG 30, Text: Str. 1–2 Trier 1587/88; Str. 3–4 bei Fridrich Layriz 1844, Melodie: Köln 1599

Viertes Lied

- Dieses leicht verständliche Lied dichtete Martin Luther im Jahr 1535 angeblich für seine eigenen Kinder.
- In den 15 Strophen wird ein Teil der Weihnachtsgeschichte ganz anschaulich nacherzählt.
- Das Lied beginnt mit der Szene auf dem Hirtenfeld.

Vom Himmel hoch da komm ich her, EG 24, Text und Melodie: Martin Luther

Fünftes Lied

- Das gesuchte Adventslied entstand in den 1950er-Jahren.
- Es ist eng verbunden mit dem Brauch des Adventskranzes.
- Am ersten Advent wird nur ein Vers des Liedes gesungen, am zweiten sind es zwei, am dritten drei. Alle vier Strophen passen erst zum vierten Advent.

Wir sagen euch an den lieben Advent, EG 17, Text: Maria Ferschl 1954, Melodie: Heinrich Rohr 1954

Sechstes Lied

- Ursprünglich dichtete Paul Gerhardt 15 Strophen, in unserem evangelischen Gesangbuch finden sich noch neun.
- Das Lied versetzt uns, die Sänger, direkt in das Geschehen im Stall.
- Die selten gesungene 7. Strophe lautet:

- „Nehmt weg das Stroh, nehmt weg das Heu, ich will mir Blumen holen,
- dass meines Heilands Lager sein auf lieblichen Violen;
- mit Rosen, Nelken, Rosmarin aus schönen Gärten will ich ihn
- von oben her bestreuen."

Ich steh an deiner Krippen hier, EG 37, Melodie: Johann Sebastian Bach

Siebtes Lied

- Der Text des gesuchten Liedes hat nichts mit Nudeln zu tun, und trotzdem ist es ein „makkaronisches Gedicht".
- Im evangelischen Gesangbuch wurde diese Besonderheit allerdings beseitigt: Der Text ist ganz deutsch. Im katholischen Gotteslob dagegen ist die lateinisch-deutsche Kombination beibehalten.
- Es kommen Worte vor wie „praesepio", „puer optime", „gaudia" und „trahe me post te".

In dulci jubilo, im evangelischen Gesangbuch „Nun singet und seid froh", EG 35 (Makkaronisch = es besteht aus einer Mischung von zwei Sprachen), Text: Hannover 1646 und Leipzig 1545 (Str. 3), Melodie: Wittenberg 1529

Achtes Lied

- Dieses Lied steht nicht im evangelischen Gesangbuch.
- Es ist kein Advents- und auch kein Weihnachtslied, sondern bezieht sich auf einen anderen Festtag im Dezember.
- Der Text stammt aus dem 19. Jahrhundert. Damals wurden Teller verwendet für eine Sache, für die Kinder heute Schuhe und Stiefel benutzen.

Lasst uns froh und munter sein, zum Nikolaustag am 6. Dezember, Text und Melodie: 19. Jahrhundert

Neuntes Lied

- Das gesuchte Lied war zunächst ein tragisches Liebeslied. Anfang des 19. Jahrhunderts wurde es zum Weihnachtslied. Dabei wurde nur die erste Strophe beibehalten, die zweite und dritte wurden ausgetauscht.
- Hundert Jahre zuvor war die Verwendung der besungenen Pflanze an Weihnachten noch kaum verbreitet.

- Die Melodie ist offizielle Hymne des US-Staates Maryland. Außerdem wird der Fangesang des englischen Fußballklubs FC Chelsea danach gesungen.

O Tannenbaum, 1. Vers von Joachim August Zarnack, 2. und 3. Vers von Ernst Anschütz, Melodie: bekannte Volksweise

Zehntes Lied

- Dieses Adventslied wurde in einer Liedersammlung ursprünglich unter dem Titel „Am Palmsonntage" veröffentlicht.
- Melodie und Chorsatz stammen von Georg Friedrich Händel.
- Begriffe wie „Friedefürst", „König mild" und „Friedensthron" spielen in den drei Strophen eine Rolle.

Tochter Zion, freue dich, EG 13, Text: Friedrich Heinrich Ranke

Elftes Lied

- In dem Text des gesuchten Liedes werden die Weihnachtsgeschichte und die Jahreszeit miteinander verbunden.
- Er wurde von einem evangelischen Pfarrer gedichtet und komponiert und steht trotzdem nicht im evangelischen Gesangbuch.
- Die Strophen mussten schon manche spöttische Umdichtung über sich ergehen lassen. Und auch in unseren Redewendungen kennen wir eine solche Umformung: Ältere Menschen nehmen ihre altersbedingten Probleme gern aufs Korn, indem sie die erste Zeile des Liedes umformulieren …

Leise rieselt der Schnee, Text und Melodie: Eduard Ebel, 1895 veröffentlicht unter dem Titel „Weihnachtsgruß" (Umdichtung: Leise rieselt der Kalk …)

Zwölftes Lied

- In diesem Lied wird ein ganz ungewöhnlicher Zusammenhang hergestellt: Die schwangere Maria wird mit einem Fortbewegungsmittel verglichen.
- Das Lied gehört zu den ältesten geistlichen Gesängen in deutscher Sprache.
- Der Rhythmus weist eine Besonderheit auf: Der erste Teil einer jeden Strophe steht im $^6/_4$-Takt, der zweite Teil im $^4/_4$-Takt.

Es kommt ein Schiff, geladen, EG 8, Text: Daniel Sudermann um 1626, Melodie: Köln 1608

b) Weihnachten in aller Welt – in Schrift und Ton

Schriftliches Rätsel, jeweils zu zweit oder dritt spielbar

Kopiervorlage und Powerpoint-Präsentation mit Fotos und Ton zum Downloaden

Dieses Quiz hat die ersten Verse des Weihnachtsevangeliums in unterschiedlichen Sprachen zum Inhalt und eignet sich hervorragend zur Gestaltung von Advents- oder Weihnachtsfeiern. Sie können entweder das Arbeitsblatt verwenden oder die Powerpoint-Präsentation vorführen.

Auf dem Arbeitsblatt ist der erste Vers von Lukas 2 abgedruckt. Die Texte folgen der Reihenfolge in diesem Buch. Dieses Rätsel können die Besucher des Seniorenkreises jeweils zu zweit oder dritt lösen.

Die Powerpoint-Präsentation zeigt Fotos einer Krippenausstellung, zu den einzelnen Bildern ertönen jeweils die Verse von Lukas 2,1–3 in verschiedenen Sprachen (eine Auswahl aus den unten abgedruckten Texten). Die Auflösungen werden angesagt (z. B. „Das war Vietnamesisch“).

Sie müssen die Präsentation selbst und die einzelnen Audiodateien in ***einen*** *Ordner auf Ihren Computer downloaden. Die weitere Handhabung der Präsentation und der Ablauf des Quiz sind unkompliziert (siehe S. 13).*

Erste Sprache

About that time an edict was issued by the Emperor Augustus that a census should be taken of the whole Empire. This was the first census taken while Quirinius was Governor of Syria. And everyone went to his own town to be registered.

Zweite Sprache

En ce temps-là parut un édit de César Auguste, ordonnant un recensement de toute la terre. Ce premier recensement eut lieu pendant que Quirinius était gouverneur de Syrie. Tous allaient se faire inscrire, chacun dans sa ville.

Dritte Sprache

Y ACONTECIO en aquellos días que salió edicto de parte de Augusto César, que toda la tierra fuese empadronada. Este empadronamiento primero fué hecho siendo Cirenio gobernador de la Siria. E iban todos para ser empadronados, cada uno á su ciudad.

Vierte Sprache

В те дни вышло от кесаря Августа повеление сделать перепись по всей земле. Эта перепись была первая в правление Квириния Сириею. И пошли все записываться, каждый в свой город.

Fünfte Sprache

In quei giorni un decreto di Cesare Augusto ordinò che si facesse il censimento di tutta la terra. Questo primo censimento fu fatto quando era governatore della Siria Quirinio. Andavano tutti a farsi registrare, ciascuno nella sua città.

Sechste Sprache

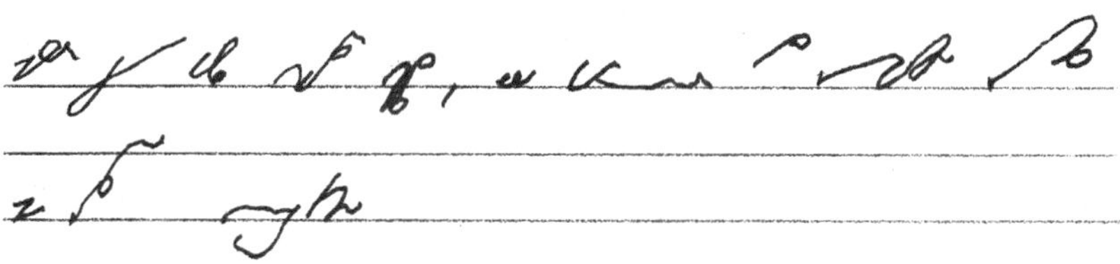

Siebte Sprache

Och det hände sig vid den tiden att från kejsar Augustus utgick ett påbud att hela världen skulle skattskrivas. Detta var den första skattskrivningen, och den hölls, när Kvirinius var landshövding över Syrien. Då färdades alla var och en till sin stad, för att låta skattskriva sig.

Achte Sprache

Lúc ấy, Sê-sa Au-gút-tơ ra chiếu chỉ phải lập sổ dân trong cả thiên hạ. Việc lập sổ dân nầy là trước hết, và nhằm khi Qui-ri-ni -u làm quan tổng đốc xứ Sy-ri. Ai nấy đều đến thành mình khai tên vào sổ.

Neunte Sprache

εγενετο δε εν ταις ημεραις εκειναις εξηλθεν δογμα παρα καισαρος αυγουστου απογραφεσθαι πασαν την οικουμενην αυτη η απογραφη πρωτη εγενετο ηγεμονευοντος της συριας κυρηνιου και επορευοντο παντες απογραφεσθαι εκαστος εις την ιδιαν πολιν

Zehnte Sprache

当那些日子⍰该撒亚古士督有旨意下来⍰叫天下人民都报名上册。这是居里扭作叙利亚巡抚的时候⍰头一次行报名上册的事。众人各归各城⍰报名上册。

Elfte Sprache

És lõn azokban a napokban, Augusztus császártól parancsolat adaték ki, hogy mind az egész föld összeirattassék. Ez az összeírás elõször akkor történt, mikor Siriában Czirénius volt a helytartó. Mennek vala azért mindenek, hogy beirattassanak, kiki a maga városába.

Zwölfte Sprache

Naqueles dias saiu um decreto da parte de César Augusto, para que todo o mundo fosse recenseado. Este primeiro recenseamento foi feito quando Quirínio era governador da Síria. E todos iam alistar-se, cada um ã sua própria cidade.

Dreizehnte Sprache

Ende het geschiedde in die selve dagen datter een gebodt uytginck vanden Keyser Augusto, dat de geheele werelt beschreven soude worden.
Dese eerste beschrijvinge geschiedde als Cyrenius over Syrien Stadthouder was. Ende sy gingen alle om beschreven te worden, een yegelick na sijn eygen stadt.

Vierzehnte Sprache

Siku zile, tangazo rasmi lilitolewa na Kaisari Augusto kuwataka watu wote chini ya utawala wake wajiandikishe. Kuandikishwa huku kulikuwa mara ya kwanza, wakati Kirenio alipokuwa mkuu wa mkoa wa Siria. Basi, wote waliohusika walikwenda kujiandikisha, kila mtu katika mji wake.

Auflösung für den Abdruck im Buch und auf dem Arbeitsblatt

1. Englisch; **2.** Französisch; **3.** Spanisch; **4.** Russisch; **5.** Italienisch; **6.** deutsche Stenoschrift (nur Vers 1); **7.** Schwedisch; **8.** Vietnamesisch; **9.** Griechisch; **10.** Chinesisch **11.** Ungarisch; **12.** Portugiesisch; **13.** Niederländisch; **14.** Swahili (Suaheli)

c) Vorlesegeschichte: Weihnachten bei Erzurum

Vor neun Tagen war Felix Scherer mit seinem Sattelschlepper von einer Ferntour aus Saudi-Arabien zurückgekehrt. Weite Fahrten, viel Unterwegssein, das machte ihm nicht viel aus. Das war halt sein Beruf als Fernfahrer. Aber was zuviel ist, ist zuviel!

Jetzt im Dezember wollte er keine Tour mehr machen. Vielleicht mal rasch nach Spanien oder Süditalien. Oder auch nach Norwegen. Die Himmelsrichtung war ihm egal. Zwei-, dreitausend Kilometer – das waren kleinere Sachen.

Dieses Jahr wollte er auf alle Fälle Weihnachten zu Hause sein.

Nichts Böses ahnend war er daher am Morgen ins Büro des Chefs gegangen. –

Eine unvorhergesehene, dringende Fahrt in den Iran. Und außerdem: Er würde doch wohl die Sonderprämie brauchen können. Meinte der Chef. – Drinnen im Büro hatte es Felix Scherer die Sprache verschlagen. Wortlos war er gegangen. Erst beim Eintritt in die Werkstatt brach der Vulkan los.

Die Kollegen umringten ihn, versuchten ihn zu beruhigen und zu trösten. Aber insgeheim war jeder froh, dass es nicht ihn getroffen hatte. Nein, tauschen wollte keiner mit Felix Scherer!

Oder doch? – Kurt Beck, einer der Fernfahrer-Kollegen, trat auf Scherer zu und fragte: „Soll ich für dich fahren?“ – Felix Scherer sah ihn entgeistert an. Wollte er einen Scherz machen? Jetzt vertrug er keine solchen Späße!

„Ich meine es ehrlich“, sagte Kurt Beck.

„Aber du musst doch ...“ – Felix Scherer stockte. Er wollte sagen: „Aber du musst doch dieses Jahr Weihnachten zu Hause sein! – Denn schließlich: Kurt Beck hatte im vergangenen Frühling seinen Vater verloren. Nun war es das erste Weihnachtsfest, an dem Kurt mit seinen jüngeren Geschwistern und seiner Mutter allein feiern würde. Nein, das konnte er nicht annehmen!

Doch da war Kurt Beck schon in Richtung Chef-Büro unterwegs. Die anderen sahen ihm betroffen nach. Das hätten sie nicht fertiggebracht. Aber so war der Beck! Mochten sie auch sonst witzeln über ihn, den Frommen – kollegial war er.

Zwei Tage vor dem Nikolaustag startete Kurt Beck seinen mächtigen Truck in Richtung Teheran. In diesem Jahr würde er nicht wieder zurück sein. Die Strecke war ihm nicht unbekannt. Doch noch nie hatte er sie zu dieser Jahreszeit gefahren. Immer nur im Sommer.

Einen Plan hatte er auch schon. Wenn alles gut lief – ohne Motorschaden und so – könnte er zu Weihnachten auf der Rückfahrt in Saloniki sein. Silvester und Neujahr müsste es in jedem Fall klappen. Vor einiger Zeit hatte er eine Griechenfamilie kennengelernt, die als Gastarbeiter in Stuttgart gelebt hatten. Wie hatte er sich gefreut, als er erfuhr, dass auch sie Christen sind und an Jesus glauben!

In Saloniki, dem alten Thessalonika, gehörten sie zu einer kleinen Gemeinde. Im letzten Jahr war er bei ihnen in den Ferien gewesen. Eine schöne Zeit! Wenn er mit ihnen Weihnachten oder Neujahr feiern könnte! Das wäre eine Entschädigung dafür, dass er nicht zu Hause bei seinen Lieben sein konnte.

Wie in den vergangenen Jahren hatte er auf der Führerkabine seines Lastzuges ein kleines Tannenbäumchen mit Kerzen angebracht. Ein Stückchen Weihnachten, ein Stückchen Heimat sollten mitkommen.

Alles ging glatt. Zagreb – Belgrad – Saloniki – Istanbul – Ankara. Selbst die Grenzkontrolle in den Iran war noch nie so reibungslos und unbürokratisch verlaufen. Jetzt noch nach Teheran, die Ware abladen. Eine neue Ladung würde es erst auf der Heimfahrt in Ankara geben.

Kurt Beck war froh und zuversichtlich. Alles hatte so gut geklappt. Vielleicht würde er sogar noch zu Weihnachten in Saloniki sein. Aber dann kamen die Schneefälle. Schon in der Grenzregion von Iran setzten sie ein. Und dann in Ostanatolien. In Dogubayazit, am Fuße des Araratgebirges, musste er einen Zwangsstopp einlegen. Die alten Schneepflüge schafften es nicht. Kurt Beck übernachtete im Motel, direkt an der E 23. Am Morgen des Heiligabends konnte er die Fahrt fortsetzen.

Agri und Erzurum waren die nächsten größeren Städte. Er musste vorsichtig sein. Sein noch leerer Lastzug konnte auf den schneebedeckten Straßen leicht ins Schleudern kommen. Riskieren wollte er nichts, und bis Neujahr war er ganz bestimmt in Saloniki.

Kurz vor Erzurum geschah es dann. Kurt Beck hatte seinen Truck durch ein kleines ostanatolisches Dorf gefahren und wollte etwas beschleunigen. Da – in einer Kurve kam ihm ein alter Mercedes-Diesel mit einem deutschen Nummernschild entgegen: M – also München. Ein Gastarbeiter!

Der Mercedes war direkt auf ihn zugesteuert. Kurt konnte nur nach rechts ausweichen – und das bedeutete in das tiefer liegende Feld. Und dabei konnte er nicht verhindern, dass sein leerer Lastzug umkippte und seitlich liegenblieb. Für heute war die Fahrt zu Ende. –

„Gott sei Dank!", entfuhr es Kurt Beck, als er erschrocken aus seiner Führerkabine kletterte. Ihm war wirklich nichts passiert. Er war mit dem Schrecken davongekommen.

Verstört stand der Mercedesfahrer vor ihm: „Nix gemackt?!", fragte er in seinem Türkisch-Deutsch. – „Nix gemackt!" –

Vom nahen Dorf waren Menschen hergekommen und hatten sich um die Unfallstelle versammelt. Doch Kurt Beck verstand nichts von alledem, was sie lautstark diskutierten. Der kleine Tannenbaum mit seinen Lichtern war unversehrt geblieben und brachte einen Hauch von Weihnachtsstimmung auf die Unfallstelle. Es war Heiligabend – Spätnachmittag.

Plötzlich kam eine Türkin auf Kurt Beck zu, zog ihn am Ärmel zur Führerkabine und wies auf den Tannenbaum: „Christos! – Christos!", rief sie immer wieder. – Kurt Beck wusste nicht, was sie wollte.

Die Polizei hatte das Unfallprotokoll aufgenommen. Zum Glück war es eindeutig. Kurt Beck traf kein Verschulden. Aber sein Lastzug würde über Weihnachten im Schneefeld liegenbleiben.

Wieder kam die Türkin: „Christos! – Christos!" Und wieder zog sie Kurt Beck am Ärmel mit sich. Doch diesmal nicht zur Führerkabine und zum Tannenbaum, sondern in das nahe Dorf zu ihrem einfachen Haus. Kurt Beck sollte bei ihnen bleiben.

In der kleinen Stube sah er sich um. Sie war schlicht und sauber. In einer Ecke brannten einige Kerzen. An der Wand hing eine Muttergottes-Ikone. Also lebten hier keine Moslems. Nach und nach konnte Kurt Beck die einzelnen Teile zu einem Mosaik zusammensetzen.

Er war in das Haus armenischer Türken gekommen. Sie gehörten zu der verschwindend kleinen Minderheit der Armenier, die früher sehr zahlreich in Ostanatolien lebten. Kurt Beck hatte schon manches gehört von den Massakern, die am Anfang dieses Jahrhunderts hier stattgefunden hatten. Ein Stück Schreckensgeschichte!

Und nun war er ausgerechnet in dieses Haus armenischer Christen gekommen. Heute, am Heiligabend.

Er trat näher zur Ikone und schaute sie an. Mit gefalteten Händen stand er da. Da trat die Frau neben ihn, schlug das Kreuzeszeichen, wies auf Maria und das Kind und sagte: „Christos! – Christos!"

Jetzt erst verstand Kurt Beck. Ach so, der Weihnachtsbaum auf seiner Führerkabine. Der hatte ihm den Weg in das Haus armenischer Christen gebahnt.

Obwohl sie nicht miteinander reden konnten, fühlte sich Kurt Beck in dieser Familie sofort heimisch. Als sie am Abend um den Tisch saßen und die armenisch-orthodoxen Lieder sangen, da konnte er nur mitsummen. Aber für sie alle war es Weihnacht geworden. In einem hatten sie sich gefunden und erkannt: Christos! – Christos!

d) Gesprächsimpulse

- Was war Ihr eindruckvollstes Weihnachtsfest?
- Was war Ihr schönstes Weihnachtsgeschenk?
- Welches ist Ihr Lieblingsweihnachtslied?
- Haben Sie eine Lieblingsweihnachtsgeschichte oder ein Lieblingsweihnachtswort?
- Welcher Brauch ist Ihnen persönlich für die Gestaltung Ihrer eigenen Adventszeit heute wichtig?
- Wie ergeht es Ihnen heute mit Weihnachten? Können Sie sich darauf freuen oder sind Sie froh, wenn es endlich vorbei ist?
- Wie hat sich das Erleben von Weihnachten im Laufe der Jahrzehnte für Sie verändert?
- Wie feiern Sie Weihnachten in diesem Jahr?
- Haben Sie Weihnachten schon einmal im Ausland gefeiert? Was haben Sie dabei erlebt?

e) Angedacht: 365 Tage

Auf Bethlehem, mit Farbenpracht,
senkt langsam sich die kühle Nacht.
Die Händler, die die Straßen säumen,
allmählich ihre Plätze räumen.
Im fahlen Licht vom Mondenschein
packt jeder seine Sachen ein.

Jetzt wird es still in allen Gassen
und selbst der Marktplatz ist verlassen.
Verebbt ist bald das bunte Treiben,
nur ein paar Hunde noch verbleiben,
die ziellos streunen durch die Stadt,
zu seh'n, wo's was zu fressen hat.
In der Pension „Zum müden Ross"
fällt die massive Tür ins Schloss.
Der heitere Besitzer macht
den Laden dicht für diese Nacht.
Er pfeift ganz fröhlich vor sich hin,
beträchtlich war heut' sein Gewinn,
und so geht das seit Tagen schon,
denn hier ist g'rade Hochsaison.
Die Römer, die durch Schikanieren
in vielen Ländern dominieren,
beschlossen, in dem Reich, dem ganzen
auf Grund von fehlenden Finanzen,
Spezialbeamte zu erwählen,
dass sie das Volk mal gründlich zählen,
um später ungeheure Summen
von Steuern ihnen aufzubrummen.
Aus diesem Grund muss jedermann,
selbst wenn er schwört, dass er nicht kann,
zurück in seiner Väter Stadt,
wo er sich gleich zu melden hat,
um registrieren sich zu lassen –
kein Wunder, dass es alle hassen.
Das schließt natürlich den Verein
von Gastronomen nicht mit ein.
Man munkelt über sie seit Wochen,
es sei der Wohlstand ausgebrochen.

Tourismus war zu dieser Zeit
in Bethlehem noch Seltenheit,
doch plötzlich, das ist wirklich toll,
sind alle Unterkünfte voll.
Beendet ist die Zeit der Krisen,
denn Gäste bringen jetzt Devisen.

Der Hotelier beschließt soeben
sich in sein Zimmer zu begeben,
als er verzweifelt und verstört
von draußen eine Stimme hört.
„Ach bitte, hätten Sie denn nicht
ein Notquartier, nur klein und schlicht?"
Er geht zurück, um nachzusehen,
und sieht zwei Leute draußen stehen.
Er hört geduldig auf die Worte
des jungen Paares an der Pforte:
„Die Zimmersuche hier ist schwer.
Seit Stunden irren wir umher,
doch niemand in der ganzen Stadt
auch nur ein kleines Zimmer hat."
Der Wirt betrachtet ganz genau
zuerst den Mann und dann die Frau.
Die Art, wie diese zwei sich kleiden,
beschreibt man mit „extrem bescheiden".
Er trägt ein schäbiges Gewand,
aus zweiter oder dritter Hand.
Das Kleid von ihr ist bunt bestickt,
doch offensichtlich oft geflickt,
und sie ist schwanger außerdem,
Was soll's? Ist ja nicht sein Problem.
Dies eine int'ressiert ihn bloß:
„Wie werd' ich diese Leute los?"
Mit viel Bedacht wählt er die Zeilen,
die schlechte Nachricht mitzuteilen.
„Wie liebend gerne hätten wir
bereitgestellt ein Nachtquartier.
Doch g'rade heut', so ist es eben,
ist alles hier bereits vergeben;
das ganze Haus, es ist ein Jammer!
selbst Abstellraum und Rumpelkammer.
Es tut mir leid, doch würd' ich sagen,
probier'n Sie's noch mal in drei Tagen."
So sagt er und beginnt, den Lieben
die Türe ins Gesicht zu schieben.

Doch dieser Akt wird jäh gestört
von seiner Frau, die mitgehört,
und die, in dem sie ziemlich keift,
energisch jetzt das Wort ergreift:
„Ich kann's nicht glauben – bist du blind?!
Die Frau erwartet doch ein Kind!
Es ist ja wirklich nicht zu fassen –
du kannst sie doch nicht draußen lassen!
Wir werden doch, sei's auch bescheiden,
noch etwas haben für die beiden."
So sagt sie und sie lächelt nett,
„Im Notfall unser eig'nes Bett."
Er denkt im Stillen: „Nie und nimmer
geb' ich für die mein eignes Zimmer."
Bereits nach wenigen Sekunden
hat er die Lösung schon gefunden.
„Wie wäre es in diesem Fall,
mit einem netten, kleinen Stall.
Nichts Elegantes, ja, ich weiß,
doch dafür ist es halber Preis."
„Von wegen", zischt die Frau erbost.
„Ich glaub' du bist nicht ganz bei Trost!
Du wirst, um Himmels Willen, doch
nicht was verlangen für dies ‚Loch'?
Nun kommen Sie, ich geh' voraus,
der Stall ist gar nicht weit vom Haus."
So zieh'n sie los, und kurz danach
erreichen sie ihr Schlafgemach.
Die müden Wandrer, ohne Frage –
sind sprachlos angesichts der Lage,
als sie die Tür zur Seite schieben,
„bescheiden" wär' noch untertrieben.
Doch ist es besser, sei beachtet,
als wenn man draußen übernachtet;
und so kein Grund sich zu beschweren,
man kann ja gleich ein wenig kehren.

Und dann, ganz einsam und verloren,
wird Jesus dort im Stall geboren;

vorhergesagt von den Propheten,
ganz ohne Pauken und Trompeten.
So ähnlich hat in jenen Tagen
die Sache sich wohl zugetragen.
Selbst wenn es etwas anders war,
so ist zumindest eines klar:
Die Bürgerschaft von Bethlehem,
die hat versagt, und zwar extrem.
Wie kann man nur den Herrn der Herren
so einfach vor die Türe sperren,
und dann, in kalten, düst're Gassen,
ihn seinem Schicksal überlassen?
Auch wenn zum Zeitpunkt, das ist klar,
er selbst noch nicht geboren war,
so war es doch für seinen Vater
und seine Mutter ein Theater.
Wir rügen laut, vielleicht auch leise,
solch rücksichtslose Handlungsweise.
Doch möcht' ich nun darauf verzichten,
die Bürger dieser Stadt zu richten.
Es sei erwähnt zu ihrer Gunst,
sie hatten keinen blassen Dunst,
dass dieses Kindlein, Jesus Christ,
der lang versproch'ne Retter ist.
Sonst hätt' bestimmt in jenem Ort
ganz selbstverständlich und sofort
ein jeder, völlig ungebeten,
sein eignes Zimmer abgetreten.
Dass sie nichts wussten, ist für sie
ein ideales Alibi.
Doch der Entschuldigung von ihnen
kann unsereins sich nicht bedienen,
denn offensichtlich jeder Christ
weiß recht genau, wer Jesus ist.
Und trotzdem, wie man deutlich sieht,
herrscht Notstand noch auf dem Gebiet.
Geändert hat seit jener Zeit
sich wenig in der Christenheit.
Noch immer halten, unverdrossen,

wir unsre Türen fest verschlossen
und halten Jesus möglichst ganz
in einer sicheren Distanz.
Die Ausnahme bestätigt immer:
ein reich geschmücktes Weihnachtszimmer,
denn da ist Jesus heute noch
willkomm'ner Ehrengast – jedoch
aus unsrer Mitte ganz galant
wird in die Krippe er verbannt –
noch nah genug, um uns zu hören,
doch weit genug, uns nicht zu stören.
Er dient dort, ganz symbolhaft nur,
als niedliche Galionsfigur
für Friede, Freude, Glücklichsein ...
getüncht mit warmem Kerzenschein.
Nicht lange nach den Weihnachtstagen
wird Jesus wieder weggetragen.
Er teilt die Rumpelkammer dann
mit einem dicken Weihnachtsmann
aus weichem Plastik, rot bemalt,
der – mittels Licht von innen – strahlt
und dümmlich lächelnd uns beguckt –
„Made in Taiwan" ist aufgedruckt.
Man packt auch den Adventskalender,
Lamettafäden, Christbaumständer,
dazu die Weihnachtspyramide
mit gold'ner Schrift: „Auf Erden Friede" –
und sagt zu diesem Inventar:
„Auf Wiederseh'n bis nächstes Jahr."

Es bleibt nun jedem überlassen,
sich selbst mit Jesus zu befassen.
Bin ich bereit in meinem Leben,
für Jesus etwas abzugeben?
Ich spreche hier in diesem Fall,
nicht von der Ecke in dem Stall:
Es geht um andre Dimensionen,
denn Jesus möchte in mir wohnen.
Er will den Alltag mit mir teilen,

er möchte helfen, möchte heilen.
Er wirbt darum, mich zu gewinnen,
ein neues Leben zu beginnen,
und respektiert, was ich entscheide –
ihn akzeptiere oder meide.
Ich kann bezeugen: Es entspricht
der Wesensart von Jesus nicht,
ganz aufdringlich und ungebeten,
die Tür gewaltsam einzutreten.
Er klopft und wartet – er hat Zeit –,
bis wir zum Öffnen sind bereit.
Dann tritt er ein in unser Leben,
um Ziel und Hoffnung uns zu geben:
das ganze Jahr, in jeder Lage –
365 Tage!
Hans Elwert

Quellenverzeichnis

Alle verwendeten Bibelstellen sind der Lutherbibel, revidierter Text 1984, durchgesehene Ausgabe, © 1999 Deutsche Bibelgesellschaft, Stuttgart, entnommen.

Liebesreigen

Zeichnungen Quizvorlage: http://openclipart.org/detail/35965/heart-left-highlight-by-anonymous-35965
Geschichte: Maria Schwinn: Die Rose, © Maria Schwinn.
Angedacht: Otto-Erich Juhler, aus: Neukirchener Kalender zum 23.02.1999, © Neukirchener Kalenderverlag, Neukirchen-Vluyn.

Weltgeschichte(n)

Reden: **Kennedy:** http://de.wikisource.org/wiki/Rede_vor_dem_Rathaus_Sch%C3%B6neberg_am_26._Juni_1963_%28John_F._Kennedy%29; **Martin Luther King:** http://usa.usembassy.de/etexts/soc/traum.htm; **Kohl:** www.helmut-kohl.de/index.php?msg=555; **Genscher**: http://de.wikipedia.org/wiki/Deutsche_Botschaft_Prag; **Churchill:** Reden, die die Welt bewegten, Erwin Vollmer Verlag, 9. aktualisiert Auflage, © by Phaidon Verlag GmbH, Essen; **Ulbricht:** http://de.wikipedia.org/wiki/Walter_Ulbricht; **Honecker:** aus: Neues Deutschland 09.10.1989; **Charles Spencer:** www.prinzessin-diana.de/beerdigung2.htm; **Gauck:** Bundespräsident Joachim Gauck, Dankesworte an die Bundesversammlung, Berlin, 18.03.2012, www.bundespraesident.de; **Martin Luther:** http://gutenberg.spiegel.de/buch/270/5; **Lincoln:** http://de.wikipedia.org/wiki/Gettysburg_Address
Fotos „Wer bin ich?" – Dalliklick mit Politikern: **Brandt:** © Alexander Hauk; **Genscher:** © FDP; **Merkel:** © Ralf Roletschek
Texte Nationalhymnen: http://de.wikipedia.org/wiki/God_Save_the_Queen; http://de.wikipedia.org/wiki/The_Star-Spangled_Banner; http://de.wikipedia.org/wiki/HaTikwa; http://de.wikipedia.org/wiki/Hino_Nacional_Brasileiro; http://de.wikipedia.org/wiki/Fratelli_d%E2%80%99Italia; http://de.wikipedia.org/wiki/Marseillaise; http://de.wikipedia.org/wiki/Schweizerpsalm; http://de.wikipedia.org/wiki/Kimi_Ga_Yo; http://de.wikipedia.org/wiki/Het_Wilhelmus
Geschichte: Maria Schwinn: Unter Hochspannung, © Maria Schwinn.
Angedacht: Bernd Brandl, aus: Neukirchener Kalender zum 10.10.2002, © Neukirchener Kalenderverlag, Neukirchen-Vluyn.

Küchenweisheiten

Rezepte: Nummer 2,3,4,6,7,8,9,10,11,12 nach Luise Haarer: Kochen und Backen nach Grundrezepten. 23. Auflage. Schneider Verlag Hohengehren, Baltmannsweiler 1973.
Fotos Arbeitsblatt „Rezepte-Rätsel": © Susanne Fetzer
Geschichte: Elsbeth Walch: Hochzeits-Listen (stark gekürzt); aus: dies.: Zum Glück gibt's Tante Lydia © 1976 Johannis bei SCM Hänssler, D-71088 Holzgerlingen, www.scm-haenssler.de.
Angedacht: Gerhard Rosenau, aus: Neukirchener Kalender zum 07.02.1997, © Neukirchener Kalenderverlag, Neukirchen-Vluyn.

Schulzeiten

Geschichte: Somerset Maugham: Der Kirchendiener (stark gekürzt); aus: Heinz Vonhoff: „Aus der Schmunzelapotheke" und andere heitere Geschichten. 6. Aufl. 1989 © Neukirchener Verlagsgesellschaft mbH.
Angedacht: Heinz-Walter Siering, aus: Neukirchener Kalender zum 31.03.1999, © Neukirchener Kalenderverlag, Neukirchen-Vluyn.

Zoobesuche

Zeichnungen Punktevorlage: http://commons.wikimedia.org/wiki/File:Catfish_%28PSF%29.svg; http://commons.wikimedia.org/wiki/File:PSM_V16_D808_Common_poulpe.jpg?uselang=de; http://commons.wikimedia.org/wiki/File:Sea_Horse_2_PSF_S-820006.png; http://commons.wikimedia.org/wiki/File:NSRW_Starfish.png
Geschichte: Karl Hochmuth: Die Socken; aus: Liesel Pohl: Man braucht was zum Freuen. © 2000 SCM Collection im SCM-Verlag GmbH & Co.KG, Witten.
Angedacht: Ruth Lauffer: Auf dem Deich, © Ruth Lauffer.

Kulturreisen

Texte Turandoträtsel: Friedrich Schiller: Parabeln und Rätsel; in: Schillers Werke in zehn Bänden. Mit einer biographischen Einleitung von Franz Mehring. Bd. 1. Buchhandlung Vorwärts, Hans Weber, Berlin o. J. Die komplette Sammlung der Turandoträtsel finden Sie auf der Seite www.gereimt.de/spiele/turandot/index.php4.,
Liedtexte: Alfred Schöps / Friedemann Strube: Kein schöner Land. Liederbuch im Großdruck. Bd. 1 und 2. Strube Verlag, München 2002.
Geschichte: Maria Schwinn: Umgehängt, © Maria Schwinn.
Angedacht: Gefunden in: Neukirchener Kalender zum 27.09.1996, © Neukirchener Kalenderverlag, Neukirchen-Vluyn.

Wetterkapriolen

Fotos Präsentation „Europa von oben": http://commons.wikimedia.org/wiki/File:Europe.jpg; http://commons.wikimedia.org/wiki/File:Satellite_image_of_Great_Britain_and_Northern_Ireland_in_April_2002.jpg; http://commons.wikimedia.org/wiki/File:NASA_World_Wind_-_Ostfriesland.png; http://commons.wikimedia.org/wiki/File:Alps_satellite_in_winter.jpg

Geschichte: Willi Bidermann: Pfarrerswetter; aus: ders.: Die Kirchenmaus. Heitere Geschichten aus dem Alltag eines Pfarrers, © Eugen Salzer-Verlag, Heilbronn 1992.

Angedacht: Heinz-Walter Siering, aus: Neukirchener Kalender zum 16.06.1996, © Neukirchener Kalenderverlag, Neukirchen-Vluyn.

Fernsehwelten

Angedacht: © Susanne Fetzer; mit Gedanken von Walter Trobisch aus: Walter Trobisch: Liebe dich selbst. Selbstannahme und Schwermut. R. Brockhaus Verlag, Wuppertal 1975.

Männersachen

Fotos Dalliklick-Autorätsel: http://commons.wikimedia.org/wiki/File:Rover_414i_steering_wheel.JPG; http://commons.wikimedia.org/wiki/File:Mercedes-Benz_280SE_W108_--_07-14-2011_2.JPG; http://commons.wikimedia.org/wiki/File:BMW_Isetta_%281957%29,_Dutch_licence_registration_AL-15-05_pic2.JPG?uselang=de; http://commons.wikimedia.org/wiki/File:Opel_10_KD_2_Kadett_p2.JPG

Texte Fußballersprüche: Nummer 2: www.fussballweisheiten.de/spruche.html ; alle anderen: www.familie-ahlers.de/witze/fussballsprueche.html

Gedicht: Thomas Schleiff: „Sepp Herberger"; aus: ders.: Fußball und andere Torheiten. Neue Gedichte – illustriert von Florian Huber, © J. F. Steinkopf Verlag GmbH, Kiel 2006.

Angedacht: Rainer Haak, aus: Neukirchener Kalender zum 29.05.1997, © Neukirchener Kalenderverlag, Neukirchen Vluyn.

Weihnachtsmarkt

Bibeltexte: **Englisch,** www.openenglishbible.org/oeb/2012.1/read/app/index.html; **Französisch:** Louis Segond, 1910; www.biblegateway.com/passage/?search=luke%202,1-3&version=LSG; **Spanisch:** Reina-Valera Antigua, www.biblegateway.com/passage/?search=luke%202,1-3&version=RVA1602; **Russisch:** Russian Synodal Version; www.biblegateway.com/passage/?search=luke%202,1-3&version=RUSV; **Italienisch:** Conferenza Episcopale Italiana; www.biblegateway.com/passage/?search=luke%202,1-3&version=CEI; deutsche **Stenoschrift:** Hoffnung für alle® (Brunnen Verlag Basel und Gießen), Copyright © 1983, 1996, 2002 by International Bible Society®.

Verwendet mit freundlicher Genehmigung des Verlags; **Schwedisch:** Svenska 1917; www.biblegateway.com/passage/?search=luke%20 2,1-3&version=SV1917; **Vietnamesisch:** 1934 Vietnamese Bible; www.biblegateway.com/passage/?search=luke%202,1-3&version=VIET; **Griechisch:** 1894 Scrivener New Testament; www.biblegateway.com/passage/?search=luke%202,1-3&version=TR1894; **Chinesisch:** Chinese Union Version (Simplified) (CUVS); www.biblegateway.com/passage/?search=luke%202,1-3&version=CUVS; **Ungarisch:** Hungarian Károli; www.biblegateway.com/passage/?search=luke%20 2,1-3&version=KAR; **Portugiesisch:** João Ferreira de Almeida Atualizada, www.biblegateway.com/passage/?search=luke%20 2,1-3&version=AA; **Niederländisch:** www.bijbelsdigitaal.nl/view/?mode=2&bible=sv1637&page=1016&sub=1-2 Dutch Statenvertaling 1637;... ontleend aan de transcriptie van de Statenvertaling 1637 o.l.v. Nicoline van der Sijs, © 2008 Nicoline van der Sijs; **Swahili (Suaheli):** Swahili New Testament, www.crosswire.org/sword/modules/ModInfo.jsp?modName=Swahili.

Geschichte: Dieter und Vreni Theobald, Weihnachten bei Erzurum (gekürzte Fassung); aus: Heut schleußt er wieder auf die Tür. Ein Familienbuch für die Advents- und Weihnachtszeit, © Brunnen Verlag, Gießen 1987.

Angedacht: Hans Elwert: 365 Tage, © Hans Elwert.

Symbole im Buch: http://openclipart.org/detail/19086/speech-bubbles-by-ibdjl95-19086; bearbeitet: http://openclipart.org/detail/172707/edit-icon.-icono-editar-by-mediobit-172707; http://openclipart.org/detail/130021/download-icon-by-gsagri04